Table

Chapitre 1.

Chapitre 2.

Il était une époque

Dès son apparition, le FN se revendique de la droite « nationale, populaire et sociale » et réfute le qualificatif d'extrême droite, trop connoté pour avoir une probabilité de s'installer dans le paysage politique français. Plusieurs de ses traits caractéristiques fondamentaux s'opposent à ce positionnement. Entre autres les «   vaincus » de l'histoire récente, notamment les anciens collaborateurs et partisans de l'Algérie française. Ils trouvent pleinement leur place au sein du parti de Jean-Marie Le Pen.

L'un des plus représentatifs est certainement Emmanuel Allot, plus connu sous le nom de François Brigneau, ancien milicien, cofondateur du FN et son vice président de 1972 à 1973. Moins connu est l'éphémère secrétaire général (juin 1980 - juin 1981) Pierre Gérard, ancien collaborateur de Louis Darquier de Pellepoix, délégué général –pour l'Alsace-Lorraine et la Franche-Comté – du Rassemblement antijuif, directeur adjoint de l'Aryanisation économique en 1942, avant de devenir le cerveau de l'Union française pour la défense de la race d'une part, et de la Propagande du Commissariat général aux questions juives de l'autre.

La composition

Anciens collaborateurs et partisans de l'Algérie française mais aussi des hommes et femmes des groupuscules radicaux, notamment les nationalistes révolutionnaires portés par François Duprat, les nationalistes européens de Militant de Pierre Pauty, ou encore les solidaristes de Jean-Pierre Stirbois.

Le logo

Cette flamme bleu-blanc-rouge, plantée sur un socle rouge, où les lettres FN se détachent en lettres blanches, prend son inspiration dans la flamme du parti fasciste italien, le MSI (Movimento sociale italiano, Mouvement social italien).

Les principes

La lutte contre le communisme, contre l'avortement et l'immigration, qui réactivent un discours radical. Le négationnisme, importé au sein du parti par François Duprat, fait également partie de l'ADN du Front National. Le thème de l'« identité nationale » qui fédère l'édifice lepéniste : «Être Français, ça se mérite», a accompagnée d'une rentrée d'argent importante. Les cantonales de mars 1985 et les législatives, un an plus tard, confirment la dynamique enclenchée.

À partir du milieu des années 1980, Jean-Marie Le Pen met en œuvre, poursuit et accentue l'une de ses stratégies. Elle se fonde sur un double registre, politique et provocateur, et débute véritablement en février 1983, lors de l'émission L'Heure de vérité à l'occasion de laquelle le leader du FN demande une minute de silence « en mémoire des millions de morts du goulag et de la répression stalinienne ».

Son émergence politique ne se produit pas sous le sigle du parti. Aux élections européennes, c'est sous l'intitulé de « Front d'opposition nationale pour l'Europe des patries » que Jean-Marie Le Pen conduit la liste. Deux ans plus tard, dans le cadre des législatives, les trente-cinq députés sont élus sous le label « Rassemblement national ».

À partir de 1989, l'histoire du parti d'extrême droite s'inscrit dans une nouvelle phase : celle de s'imposer comme la troisième force du paysage politique français. Avec le secrétaire général Carl Lang, Bruno Mégret, délégué général du FN, s'entoure d'une équipe qui renouvelle et modernise le FN. Études, propagande, formation... Dans plusieurs domaines clés pour un parti politique, le FN affiche son objectif : faire jeu égal avec ses adversaires et capitaliser 30 % de l'électorat français.
La stratégie

En changeant l'image du parti avec la mise en place d'un substrat intellectuel et socio-professionnel. La création du Conseil scientifique, de l'Institut de formation nationale et de l'Atelier de propagande constitue une première étape. Les « missions » de ces trois structures frontistes s'inscrivent dans le renouvellement de la production des idées, de la formation politique et pratique des militants et des cadres et, pour ce qui concerne le domaine de la propagande, dans une nouvelle approche graphique et sémantique. C'est le début de la « dédiabolisation » du FN.

Malgré ces objectifs affichés, le FN préserve et inscrit ses marqueurs idéologiques dans son patrimoine et programme politiques. Mi-novembre 1991, à Marseille, dans le cadre du second colloque de la campagne des régionales en PACA, Bruno Mégret propose une « contribution au règlement du problème de l'immigration ». Il présente cinquante mesures concrètes de ce qui pourrait être une « politique de l'immigration efficace et humaine ».

Le FN, dit-il, « pose certes les bonnes questions, soulève aussi les vrais problèmes, mais aussi [...] offre des solutions réalistes, humaines mais déterminées, afin de répondre aux angoisses qui tenaillent notre peuple en cette fin de siècle ». Parmi les propositions les plus emblématiques, la troisième réclame l'abrogation des lois « liberticides » qui « frappent d'interdit tout ce qui fait référence à la nationalité française », une allusion très nette à la défense du négationnisme, le premier but de cette proposition étant de restituer la liberté d'opinion, de recherche et d'expression afin de pouvoir rendre licite ce discours antisémite. La huitième proposition, « Rétablir le Jus sanguinis », prône le droit du sang selon lequel est français à la naissance toute personne née de parents français.

Avec 14,94 % des voix, le FN réalise son meilleur score à la présidentielle de 1995. Quelques mois plus tôt, il a remporté trois mairies: Toulon, Orange et Marignane. Environ 1350 conseillers municipaux ont été élus. Deux ans plus tard, Catherine Mégret devient maire de Vitrolles, son mari étant inéligible. L'histoire des premières municipalités frontistes montre l'échec de la mise en œuvre de la politique de celles qui doivent être considérées comme des « vitrines » du FN.

L'ouverture

À partir de 1995, le vote frontiste s'ouvre à d'autres catégories de population. Le mouvement de Jean-Marie Le Pen ne va pas tarder à s'afficher (à tort) comme le « premier parti ouvrier de France ». À l'occasion du congrès de Strasbourg, en mars 1997, le FN se dote d'un programme à prétention «sociale». Des mesures toujours guidées par le principe de « préférence nationale », le FN préconisant, par exemple, de taxer les entreprises employant des étrangers.

Le parti stagne à 15 %. En interne, la gestion des villes FN a mis au jour un autre aspect : la conception particulière du pouvoir de Jean-Marie Le Pen. Parce qu'il craint la montée en puissance de ses notables locaux aux dépens de sa propre personne, le président du FN contrecarre leurs actions. Enfin, ses attitudes provocatrices, tant verbales que politiques, sont considérées comme un obstacle pour l'avenir du Front National.

L'ambitieux

Bruno Mégret est le premier à franchir le pas. Depuis son entrée dans le parti au milieu des années 1980, l'homme a confirmé ses talents d'organisateur et d'idéologue. Le numéro deux du FN s'est imposé avec une idée phare, la « dédiabolisation », dans la perspective, notamment, d'une alliance avec la droite républicaine. À la fin des années 1990, le délégué général entend s'affranchir de l'héritage lepéniste et de son représentant. Au sein du parti d'extrême droite, il incarne la modernisation. Symbole d'une rupture, Bruno Mégret est persuadé qu'il peut prendre la direction du FN. De nombreux cadres le suivent dans sa démarche.

En janvier 1999, le congrès de Marignane donne naissance au Front National-Mouvement national. La scission intervient à un moment clé de l'histoire du FN : le parti d'extrême droite est à son apogée. Il compte environ quarante-deux mille adhérents et se trouve à quelques mois des élections européennes de juin 1999. La scission se révèle catastrophique. Fin 1999, le FN a perdu plus de la moitié de ses conseillers régionaux, cinq cents conseillers municipaux (sur mille deux cent cinquante), deux maires sur quatre, trois conseillers généraux sur huit, trois députés européens sur douze et environ 40 % de ses adhérents, exclus suite à leur adhésion au parti mégrétiste.

Début 2000, le FN est au plus bas. Les cadres et dirigeants restés fidèles à Jean-Marie Le Pen affichent un objectif : reconstruire le parti... qui ne va pas tarder à revenir sur le devant de la scène politique

Le choc du 2002

Si l'accession au second tour de Jean-Marie Le Pen résulte de plusieurs facteurs – notamment la multiplicité des candidatures de gauche –, elle souligne des points essentiels pour l'avenir politique du Front National. En premier lieu, c'est un moment fédérateur au sein du parti, impulsé notamment par l'ampleur des manifestations anti-Le Pen. Ceux du FN entendent rompre avec la représentation politique du parti : celle d'un parti protestataire.

Bleu Marine

Quelques jours après sa prise de pouvoir, Marine Le Pen balaie un des fondamentaux lepénistes : « Tout le monde sait ce qui s'est passé dans les camps et dans quelles conditions. Ce qui s'y est passé est le summum de la barbarie. »

Le FN entame la période post-Le Pen en s'affranchissant officiellement du négationnisme : une étape indispensable pour une éventuelle normalisation. En même temps, Marine Le Pen préserve des contacts avec l'extrême droite, notamment par le biais de certaines de ses fréquentations comme celle de son ami Frédéric Chatillon (mis en examen en janvier 2015 pour « faux et usage de faux », « escroquerie », « abus de bien social » et « blanchiment d'abus de bien social »), ancien du Groupe Union Défense (GUD) et soutien officiel de la Syrie et du régime iranien.

Pour sa première présidentielle (22 avril 2012), Marine Le Pen rassemble sur son nom 17,9 % des suffrages. Elle fait mieux que son père. Les législatives qui suivent, les 10 et 17 juin, sont également une victoire pour elle et pour son parti. À Hénin-Beaumont, elle n'est battue par le candidat socialiste que d'une centaine de voix. Gilbert Collard est député RBM-FN et Marion Maréchal Le Pen députée FN.

Les premières municipales du FN de Marine Le Pen (23-30 mars 2014) soulignent, elles, plusieurs aspects : un décalage indéniable entre la base du mouvement et sa direction, notamment sur les thématiques du racisme et de l'antisémitisme, comme l'atteste la constitution de différentes listes, l'opposition « officielle » du Front National affichée envers ses déviants, la mise en avant de quelques candidats aux profils qui rompent avec l'image traditionnelle de l'extrémiste. La présence d'un ancien membre de Lutte ouvrière puis du NPA (Nouveau Parti anticapitaliste) et de la CGT, Fabien Engelmann, est représentative de la « mue » affichée par le FN.

C'est aussi le cas du ralliement de Valérie Laupies. Cette ancienne militante de gauche se présente à Tarascon (Bouches-du-Rhône), ville dans laquelle Marine Le Pen a obtenu près de 34 % des voix au premier tour de la présidentielle. Directrice d'école, élue au comité central et conseillère régionale FN en région PACA en 2010, Valérie Laupies est la conseillère Éducation de Marine Le Pen. Elle fait partie du collectif Racine, créé en octobre 2013, qui se définit comme un groupement d'enseignants « patriotes portant les valeurs républicaines ».
Élu au premier tour avec 50,54 % des voix, Steeve Briois, le nouveau maire d'Hénin-Beaumont, apparaît, lui, comme le symbole de la reconquête.

Le septième secteur de Marseille (cent cinquante mille habitants) conquit par Sté-phane Ravier et dix municipalités (dont sept dans le Var et le Vaucluse) s'ajoutent à la ville du nord : Beaucaire (Julien Sanchez), Camaret-sur-Aigues (Philippe de Beauregard), Cogolin (Marc-Étienne Lansade), Fréjus (David Rachline), Hayange (Fabien Engelmann), Le Luc (Philippe de La Grange), Mantes-la-Ville (Cyrille Nauth), Le Pontet (Joris Hébrard), Villers-Cotterêts (Franck Biffaut) et Le Hamel (Jean-Jacques Adoux).

Robert Ménard, soutenu par le FN, obtient la mairie de Béziers. Dans le Vaucluse, trois maires de la Ligue du Sud, dont l'ancien FN Jacques Bompard à Orange et son épouse à Bollène, sont réélus avec le soutien du FN. Deux mois plus tard, dans le cadre des élections européennes, le parti d'extrême droite arrive en tête à une élection nationale pour la première fois de son histoire. En mai 2014, il passe de trois à vingt-trois députés européens. Les élections départementales (22-29 mars 2015) confirment la bonne santé du Front National. Elles reviennent également sur une permanence de l'histoire du FN : la propension antisémite et raciste de certains candidats.

L'amateurisme

Depuis le congrès de Tours, le FN connaît une crise de croissance : cinquante et un mille cinq cent cinquante et un adhérents à jour de cotisation en juillet 2015 ; onze municipalités ; environ seize cents conseillers municipaux, vingt-trois députés européens et une soixantaine de conseillers départementaux portent ses couleurs. Ses élus – parmi lesquels peu de cadres expérimentés – et adhérents n'ont jamais été aussi nombreux. En même temps, les trois quarts n'ont jamais fait de politique. Le Front National renoue avec une facette de son histoire : l'amateurisme.

Le parti d'extrême droite entend s'adapter aux territoires français et à ses différents électorats. Il y diffuse des discours ciblés : il s'adresse à un électorat plus à droite et s'appuie sur un discours plus nationaliste dans le sud. À l'opposé, dans le nord, il porte une campagne de terrain et un discours « collé » aux contextes économique et social, répondant aux préoccupations d'un électorat plus populaire.

Aux yeux de certains de ses partisans et électeurs, il est devenu le défenseur de ces milieux ; la gauche s'étant coupée volontairement du peuple en abandonnant la classe ouvrière au profit des immigrés. Le parti de Marine Le

Pen va jusqu'à reprendre le concept de « souveraineté populaire », comme le fait le Front de gauche.

Aujourd'hui, les représentants du FN se présentent comme les porte-parole des « invisibles », des sans-voix, des travailleurs précaires et des retraités. Leurs discours critiquent le patronat et la mondialisation en s'appuyant sur un vocabulaire « marxisant », surfent sur la misère et reprennent les thèmes de l'« insécurité sociale » ou, encore, de la lutte syndicale.

Dans le même temps, le FN préserve ses fondamentaux, comme la dénonciation de l'immigration, de l'insécurité et du mondialisme. Le parti de Marine Le Pen ambitionne d'apparaître comme un nouveau parti, notamment compatible pour la « gauche ».

Le vote FN

Là réside l'une des nouveautés du vote FN : on ne vote plus pour ce parti seulement en raison de sa thématique centrale (le vecteur anti-immigration couplé à l'insécurité), mais aussi pour certaines de ses idées qui se réclament de préoccupations « sociales ». Parallèlement, le Front National de Marine Le Pen impose deux marqueurs : la lutte contre le mondialisme économique et « l'islamophobie ».

Le message frontiste se résume désormais à ce double thème : le danger islamiste s'oppose aux valeurs laïques véhiculées par la démocratie, fondements de la République française. La stigmatisation des musulmans fait de l'islam et de la République deux entités que cette dernière juge incompatibles. L'ennemi du FN des années 2010 n'est donc plus le Juif. Il continue de s'incarner dans le Français musulman.

Ceci dit, et mis à part quelques exceptions (notamment dans les domaines économiques, géopolitiques et sémantiques), le logiciel idéologique frontiste perdure. Car même s'il s'en défend, le Front National issu du Congrès de Tours s'inscrit dans la continuité de l'histoire du FN de Jean-Marie Le Pen. Des parallèles avec, entre autres, les années Mégret (1989-1998) sur des aspects essentiels peuvent – et doivent – être opérés : les marqueurs idéologiques, la notion de « dédiabolisation» et la volonté de faire éclater la droite pour mieux la satelliser.

Certes, en quatre décennies, des thématiques et des références traditionnelles de l'extrême droite ont disparu ou évolué. Ainsi le principe premier du FN, la « préférence nationale », a-t-il été rebaptisé « priorité nationale », substitution lexicale qui ne change rien au fond, si ce n'est que « l'islamophobie » supplante l'antisémitisme. Le FN préserve ses thématiques phares avec, notamment, la lutte contre l'immigration, la priorité accordée aux Français, la suppression du regroupement familial, le droit du sol et l'arrêt des régularisations ainsi que la répression accentuée et un budget renforcé pour le domaine de la sécurité.

Le parti d'extrême droite aborde aujourd'hui le thème de l'immigration sous l'angle du rétablissement des frontières. Sur le plan du programme, le discours frontiste connaît une relative stabilité. Les évolutions les plus significatives concernent le domaine économique, et tendent vers un discours anticapitaliste et « social ». Des marqueurs idéologiques frontistes ont été adaptés au contexte historique et à ses électorats, ainsi qu'au paysage international. Ils ont aussi pris en compte le renouvellement générationnel.

Des revendications disparaissent, l'actualité faisant défaut (par exemple la question de l'école « libre »). Certains thèmes « nouveaux » tentent, eux, de s'imposer : le protectionnisme, l'euroscepticisme, le souverainisme, l'antimondialisme, la remise en cause des accords de Schengen sur la libre circulation des personnes, la sortie de l'euro, etc.

Les évolutions qui émergent sont en phase avec celles de la société française, et provoquent des tensions au sein de la direction. Le FN serait-il par exemple devenu «gay friendly» alors même, qu'il a su s'opposer aux mariages des couples homosexuels, à l'adoption et à la PMA (procréation médicalement assistée). Sa participation aux manifestations contre le mariage pour tous, début 2013, révèle le clivage du Front National sur cette thématique : d'un côté, Marine Le Pen et Florian Philippot, qui refusent de s'associer à la manifestation, de l'autre Marion Maréchal-Le Pen et Bruno Gollnisch, qui s'y retrouvent, avec d'autres représentants de leur parti.

Ce positionnement à la fois nouveau et que tous n'assument pas confirme le décalage (voire l'opposition) entre différentes tendances, accentuées par l'antagonisme de deux générations : les marinistes et le FN historique.

Le sigle originel de « droite nationale, sociale et populaire » des années 1970 a laissé place au slogan « Ni droite ni gauche. Français d'abord », une évolution qui prend sa source dans les années 1990. Mis en place par Samuel Maréchal à l'occasion de l'université d'été du Front National de la jeunesse (FNJ), du 14 au 21 juillet 1995, ces quelques mots reprennent une expression du collaborationniste Jacques Doriot. Ils sont censés s'adapter au contexte d'alors, le mouvement social de décembre 1995 et, surtout, contrer la vision politique de Bruno Mégret sur la recomposition des droites.

En se l'appropriant, le FN mariniste expose son évolution stratégique sur le plan du positionnement politique et idéologique par rapport au FN du père. Depuis la présidentielle de 2012, le profil de l'électeur frontiste n'a pas foncièrement évolué : il est peu diplômé, assez jeune. Les employés, artisans, commerçants et ouvriers représentent le gros de l'électorat frontiste.

Le vote ouvrier

L'évolution est significative pour le vote ouvrier. En 1973, moins de 3 % d'entre eux ont déposé un bulletin de vote FN dans l'urne. Aujourd'hui, ils sont près d'un tiers à le faire. Ce sont les ouvriers de droite qui votent FN, en réaction au socle frontiste « immigration-insécurité », et non ceux de gauche qui, eux, ont choisi majoritairement François Hollande pour le premier tour de la présidentielle de 2012. Ce sont de nouveaux ouvriers qui entrent dans le corps électoral. Cependant, une évolution indéniable doit être prise en compte : depuis 2012, les femmes sont aussi nombreuses à voter Marine Le Pen que les hommes.

Au contraire de son père, celle-ci est parvenue à séduire l'électorat féminin grâce à son image de femme « moderne ». On évoque son parler franc et sa phraséologie, dénuée des outrances de son père, qui rendent son discours plus «acceptable» et plus attractif.

L'Eglise

Les premières condamnations explicites du Front national remontent à 1985, aux lendemains des élections européennes où le FN atteint 11%. Face aux propos racistes de Jean-Marie Le Pen et à sa volonté de récupérer l'identité chrétienne, de nombreux évêques élèvent la voix. Le premier, Mgr Decourtray, archevêque de Lyon et primat des Gaules, prend position et déclare lors de la cérémonie des Cendres : " Nous en avons assez de voir grandir dans notre pays le mépris, la défiance et l'hostilité contre les immigrés. Nous en avons assez des idéologies qui justifient ces attitudes. (...) Comment donc pourrions nous laisser croire qu'un langage   et des théories qui méprisent l'immigré ont la caution de l'Eglise du Christ ? ".

A sa suite de nombreux évêques réagissent : Tours, Evreux, Grenoble, Soissons, Arras, Montpellier, Nice, Amiens, Pontoise, Autun, Bayeux, Nantes, Poitiers. A Paris, Mgr Lustiger dénonce : "La haine du frère dont la peau est d'une autre couleur, la haine du frère dont les cheveux sont différents, la haine du frère qui n'est pas né ici, la haine du frère dont l'accent sonne étrangement ! La haine du frère ? Lui, un enfant de Dieu comme vous ! N'avez-vous pas honte ? Battez-vous pour l'amour ! Ne laissez pas les cris aveugles de la haine et du ressentiment habiter vos coeurs. Chrétiens ! Rappelez-vous ! Vous êtes enfants de Dieu, du même Père. (...) Vous n'êtes pas des loups ! "

Ces prises de position particulièrement explicites vaudront à Mgr Decourtray et Mgr Lustiger de devenir les bêtes noires du leader du Front National. Jean-Marie Le Pen n'hésite pas à faire huer leur nom au cours de ses meetings. En 1996, Il s'en prendra même personnellement à l'archevêque de Paris en faisant allusion aux origines juives du cardinal : "Je n'ai pas besoin de me convertir puisque dès ma naissance, j'ai été baptisé dans une religion que personnellement je n'ai jamais abjuré " déclare-t-il bassement à son encontre.

De 1985 à aujourd'hui, les prises de position des évêques contre le Front National vont se succéder au fil des saisons et des scrutins électoraux, sans interruption. Il faut dire que tout les sépare. Alors que le Front National rejette l'étranger et le suspecte, l'Eglise appelle à l'accueil de l'autre et au souci du plus faible ; quand il déclare l'inégalité des races, elle affirme l'égalité des hommes, tous aimés de Dieu ; lorsqu'il milite pour un repli national, elle cultive le sens de l'universalisme. Contre tout antisémitisme, l'Eglise rappelle la judéité de Jésus, reconnaît le peuple juif comme "peuple aîné" et fait repentance pour son hostilité passée envers lui. Contre tout rejet des musulmans, elle appelle à l'amitié avec les " fils d'Abraham ".

Face à la stigmatisation des étrangers par le FN, l'Eglise catholique se fait un devoir d'appeler à la solidarité. En 1985, la commission épiscopale des migrations publie le texte " Construire l'avenir avec les immigrés " et rappelle que " la France, dans son passé récent, s'est formée par l'apport d'hommes et de femmes de diverses origines". En 1988, avec les protestants et les orthodoxes, elle envoie un message d'amitié aux étrangers de France intitulé " L'Amour surmonte les peurs". En 1992, elle participe à la campagne oecuménique "accueillir l'étranger", campagne qui sera renouvelée en 1995. A chaque fois le message est clair : être disciple du Christ, c'est refuser les discours de haine et se faire le prochain de l'étranger.

Les affrontements avec le Front national sont parfois directs, notamment quand celui-ci cherche à se positionner comme le héraut des valeurs chrétiennes. En 1992, Mgr Duval, président de la conférence des évêques de France, prend position contre les récupérations de Jean-Marie Le Pen. " Souvent on nous demande pourquoi nous ne soutenons pas un parti qui défend les valeurs chrétiennes. En fait, il ne suffit pas de défendre des valeurs chrétiennes pour être chrétien. Il faut, pour être chrétien, remonter à la source de ces valeurs et accepter les exigences évangéliques dans leur intégralité " écrit-il dans La Croix, avant de mettre en garde les chrétiens contre " la tentation de se laisser séduire par la défense de certaines valeurs en oubliant de vérifier l'idéologie des courants auxquels ils adhèrent".

Toujours en 1992, c'est l'archevêque de Reims qui s'oppose cette fois au leader du Front national. Contre Jean-Marie Le Pen et les siens, qui cherchent à transformer l'office dominical en ouverture de meeting, Mgr Balland fait exceptionnellement fermer la cathédrale un dimanche. D'autres affrontements éclatent au cours de 1996. En septembre, la commission épiscopale des migrations fait une déclaration tonitruante : " Quand un homme public ose affirmer comme une vérité l'inégalité des races, il y a un danger pour l'ensemble de la société. (...) Elle est une atteinte à l'identité nationale fondée sur les valeurs acceptées par tous, la liberté, l'égalité, la fraternité. Pour un chrétien ces propos sont inacceptables."

Une vive polémique s'engage avec le leader du Front national. Elle rebondit avec la révélation de la décision de Mgr Rouet, évêque de Poitiers, de différer le baptême d'un militant du Front-National : "J'ai expliqué à ce candidat au baptême que l'idéologie du Front National était contraire au message du Christ et de l'Eglise. Mais je ne lui ai pas fermé la porte et je l'ai encouragé à réfléchir, afin de choisir entre la foi chrétienne et ses idées politiques" expliquera sereinement ce dernier.

En 1998, à la suite de l'élection de cinq présidents de conseil régionaux avec les voix des élus du Front national, Mgr Billé, président de la Conférence des évêques signe une déclaration inter-religieuse où " les responsables des grands courants religieux en France s'inquiètent de la place désormais prise dans la vie politique française par un parti qui n'a jamais caché ses thèses racistes, xénophobes et antisémites "

Aujourd'hui encore, les évêques appellent à la défense de la démocratie et des valeurs de la République. Ils peuvent déjà être fiers de leur travail. Alertes et conseils ont porté leurs fruits : le vote FN a diminué dans l'électorat catholique. Au dernier sondage Sofrès, seuls 7% des catholiques pratiquants avaient l'intention de voter pour Jean-Marie Le Pen.

La tentation chrétienne

Les liens qui unissent catholiques et extrême droite sont pourtant marginaux. L'histoire du mouvement frontiste ne rend effectifs que des contacts avec les franges les plus extrémistes des catholiques. L'homme qui symbolise ces relations troubles au sein du parti nationaliste s'appelle Bernard Antony. Membre du FN, député régional de Midi-Pyrénées, il est le président de l'AGRIF (Alliance générale contre le racisme et pour le respect de l'identité française et chrétienne).

Derrière ce nom généraliste se cache un mouvement composé de chrétiens extrémistes, engagés dans la défense des Français et des Chrétiens. Un idéal que ce mouvement bafoue pourtant souvent, comme l'en atteste le dernier numéro de La Griffre, la lettre de l'Alliance, et dont le premier article, signé Bernard Antony, parle de " la charité de la peine de mort "... L'AGRIF s'est manifestée ces derniers mois en demandant le retrait de l'affiche du film de Costa-Gavras " Amen ", demande dont elle a été déboutée.

Bernard Antony est également le président de Chrétienté-Solidarité, un "mouvement de reconquête" comme il se définit lui-même, et dont le logo représente la croix des templiers. Bien évidemment, Chrétienté-Solidarité dénie tout lien avec un quelconque mouvement politique, récuse "tous les cléricalismes " et refuse " la confusion du politique et du religieux ".

Autre organisme ayant Bernard Antony à sa tête : le centre Henri et André Charlier. C'est au cours d'une des université d'été de ce centre que le pèlerinage de Chartres (celui qui va de Chartres à Paris, à l'inverse de l'officiel) et le journal Présent ont été créés.

Chrétienté-Solidarité et le Centre Henri et André Charlier possède une revue commune : Reconquête. Cette revue, dont le mot d'ordre, "Dieu, Famille, Patrie", rappelle celui de l'Etat Français de Vichy, répond, selon ses promoteurs, au voeu émis par le pape Jean-Paul II : "Veillez, par tous les moyens à votre disposition, sur cette souveraineté fondamentale que possède chaque nation, en vertu de sa propre culture. Protégez-la comme la prunelle de vos yeux pour l'avenir de la grande famille humaine". Les propos employés par Reconquête sont pourtant bien éloignés des discours de paix du pape, surtout quand la revue aborde des thèmes tels que la "subversion islamiste ".

Ces contacts, parfois directs, dans le cas de Bernard Antony, entre le Front National et les intégristes catholiques, peuvent également prendre des formes moins évidentes. C'est ainsi que de nombreux commandos anti-avortement ont parties liées avec des membres de l'extrême droite.

Dans l'édito de janvier 2002 de Reconquête, Bernard Antony parle d'ailleurs de " l'héroïque docteur Dor dont il faut nous entre-souhaiter d'avoir un peu de son courage et de sa rayonnante espérance". Le docteur Xavier Dor est ainsi le leader charismatique de tous les mouvements anti-IVG. Il a lui-même participé à de nombreuses opérations musclées, qui l'ont conduit à de nombreuses reprises en prison.

Mais la meilleure façon de s'apercevoir de l'intérêt que porte l'extrême droite au vote des catholiques, et plus de généralement des chrétiens, est de lire attentivement le programme officiel du FN. La première phrase de l'introduction de " Pour un avenir français " est assez significative à ce sujet. "L'Histoire des peuples du monde entier l'atteste. Une civilisation ne peut durer sans se référer à un ordre spirituel qui dépasse les individus... ". On retrouve ici la volonté politique toujours menée par l'extrême droite d'associer le sacré à la pensée nationale.

C'est déjà ainsi que les penseurs de l'Action Française construisaient leur nationalisme au début du 20è siècle, luttant contre les "quatre Etats confédérés" qui "concourraient au déclin de la France " : les Protestants, les Juifs, les Francs-Maçons et les Métèques...

Depuis ces années, le discours de l'extrême droite s'est évidemment adouci. Les objectifs restent pourtant les mêmes : les signaux lancés par le Front National à l'électorat catholique se font simplement plus discrets. La porte d'entrée la plus utilisée est celle de la politique familiale : la suppression de l'avortement réconforte les intégristes, tandis que la politique ciblée d'aide à la natalité, la volonté d'accorder un droit de vote plus important aux familles nombreuses sont autant d'appels du pied aux catholiques convaincus mais encore réticents.

Cette volonté se retrouve d'ailleurs encore plus visiblement avec l'adoration que portent les membres du FN à Jeanne d'Arc. Pourquoi célébrer " la pucelle d'Orléans " le 1er mai plutôt que le 30 mai (date officielle de sa mort), si ce n'est pour répondre aux manifestations syndicales organisées à cette date à l'occasion de la fête du travail ?...

Il n'en reste pas moins que la plus grosse partie du discours du FN s'adresse en priorité aux franges les plus extrémistes des catholiques. Des références négatives au concile Vatican II sont ainsi glissées çà et là. Le programme parle ainsi du "déclin de l'Eglise catholique romaine depuis le second concile du Vatican, (qui) par la perte du modèle de "société d'ordre" qu'elle incarnait et dont le magistère était accepté même par des incroyants, a aggravé la crise intellectuelle et morale dont souffrent nos contemporains ".

Comme l'Eglise, le FN défend le modèle de la famille traditionnelle constituée par l'union d'un homme et d'une femme. C'est pourquoi, contre le PS et une large partie des Républicains, il a protesté contre le «mariage pour tous». Comme l'Eglise, le FN défend la dignité de la personne humaine. C'est pourquoi, contre les tergiversations du PS et des Républicains, il refuse avec fermeté qu'on légalise la gestation pour autrui (GPA), qui transforme l'enfant et le corps humain en marchandises.

Comme l'Eglise, le FN défend les Chrétiens lorsqu'ils ont besoin d'aide. C'est pourquoi il s'est mobilisé, plus clairement que le PS et les Républicains, pour appeler la société internationale à protéger les Chrétiens d'Orient contre les persécutions des terroristes islamistes.

En réalité, ce que reprochent ces évêques au FN, c'est sa position de fermeté face à l'immigration. Mais c'est oublier ce qu'a dit le pape François lui-même au Parlement européen : les peuples européens ont le droit de défendre leur identité. En outre, le FN est favorable à une politique de coopération avec les Etats d'émigration, afin de les aider à fixer leurs ressortissants chez eux. Heureusement les mentalités évoluent, et ces évêques ne sont plus représentatifs de ce que pensent les Chrétiens.

Marion la Catho...

L'invitation à débattre, samedi 29 août 2015, à la Sainte-Baume (Var), adressée à Marion Maréchal-Le Pen par une université d'été de jeunes catholiques, à quelques mois d'une élection dans une région où elle est tête de liste Front national, n'annonce pas la fin du veto opposé au FN par l'Eglise depuis trente ans. Elle manifeste pourtant bien des évolutions au sein de l'extrême-droite française comme de la population et de la hiérarchie catholiques.

«Le FN n'est pas un parti catholique, mais les autres non plus!», disent les initiateurs du débat, dans le Var, avec Marion Maréchal-Le Pen. Ou encore: «Il est intéressant de faire dialoguer des chrétiens qui n'ont pas les mêmes options politiques.» Car, contrairement à sa tante Marine, la présidente du FN, Marion Maréchal-Le Pen revendique sa foi catholique, va à la messe, participe, chaque année, à la Pentecôte, au pèlerinage traditionaliste entre Chartres et Paris. En 2013-2014, elle a manifesté avec la «Manif pour tous »et depuis fréquente les jeunes catholiques, qui se font appeler «veilleurs», militant toujours contre le mariage homosexuel.

Trois raisons font penser que la garde anti-FN est en train de baisser dans le catholicisme français.

La génération des évêques aujourd'hui à la tête de l'Eglise se montre plus discrète à l'égard du parti de Marine Le Pen que celle d'il y a trente ans, dont les condamnations de Jean-Marie Le Pen étaient vigoureuses, régulières, spectaculaires. Sans doute n'ont-ils pas plus d'indulgence pour les thèses anti-immigration et anti-islam du FN et pour l'instrumentalisation d'une référence chrétienne qui demeure présente, moindre qu'il y a trente ans, précisément chez une Marion Maréchal-Le Pen. Mais pour eux, le cap a été fixé il y a trente ans, la «doctrine» n'a pas changé et il n'y a pas lieu d'y revenir.

On ne peut pourtant éviter de penser que cette plus grande frilosité est le reflet d'un catholicisme français qui vieillit et change. Il se montre plus soucieux de discipline et de sécurité, plus sensible à la «permissivité» ambiante, plus inquiet des évolutions familiales, des confusions sur le «genre», plus crispé par la présence des étrangers et surtout la peur de l'islam. A la ligne «progressiste» qui, en France, avait précédé et suivi le concile des années soixante, a succédé une ligne «néo-conservatrice», appuyée sur la défense des valeurs chrétiennes traditionnelles, sur l'éducation, le mariage, la famille, le genre, la sexualité et sur le retour à des formes anciennes de discipline catholique, de rite et de dévotion.

Le poids sociologique et politique des évêques français s'en ressent. Certains d'entre eux –comme précisément l'évêque du Var, Mgr Dominique Rey, qui a approuvé l'invitation de la dirigeante frontiste– sont des francs-tireurs, militants des combat contre l'homosexualité et l'avortement, voyageant dans la Russie de Poutine et la Syrie d'Assad. Familier des dérapages, Mgr Rey a un jour comparé le droit à l'avortement à «l'idéologie nazie» sur le blog intégriste Le Salon beige.

C'est sans doute la conséquence de l'observation précédente. Le temps semble lointain où l'intellectuel catholique René Rémond, commentateur avisé des soirées électorales, répétait que plus la pratique catholique était forte en France, moins on votait Front national. Cet axiome n'a sans doute pas fondamentalement changé, mais les dernières enquêtes électorales attestent d'une résistance moins grande du vote catholique au Front national. Aux élections départementales de mars 2015, les catholiques ont voté à 16% pour le FN (9% chez les pratiquants réguliers), mais, dans cet électorat, le vote pour la droite classique et le centre reste archi-majoritaire: 55% (et 69% chez les pratiquants les plus réguliers), contre 36% au plan national.

Autrement dit, selon les politologues, les catholiques résistent plus que la moyenne nationale à la séduction qu'exerce le parti de Marine Le Pen. Mais ils n'échappent pas au vent qui souffle partout en faveur des thèses du Front national et des valeurs identitaires qu'il prétend incarner. Si les digues tiennent du côté catholique chez les plus anciens, des fissures apparaissent dans les jeunes générations.

Francs-Maçons

Entre le Front national et les francs-maçons, le passif est lourd. C'est donc sans surprise que l'interview du grand maitre du Grand Orient de France au Journal du Dimanche n'est pas vraiment appréciée... Lorsque Daniel Keller s'alarme qu'on «est en train de dérouler le tapis rouge au Front national», Florian Philippot rétorque que «ça s'appelle jouer sur les peurs». «La République reste un combat. Ce n'est pas un régime acquis définitivement. Si tout le monde baisse les bras, je le dis: la République est en danger», a mis en garde le franc-maçon.

Et le numéro deux du FN de rétorquer que la déclaration de Daniel Keller «s'appelle refuser le débat de fond, refuser le débat d'idées, c'est en fait refuser la démocratie (pour) essayer de terroriser les gens». Et en ajoutant sur France inter que la méthode du grand maître «ne fonctionne plus parce que les gens n'y croient plus».

Lorsqu'il parle des francs-maçons, le bras droit de Marine Le Pen s'interroge: «Ces gens là ne se sentent-ils pas ridicules, au bout d'un moment?» Et de ré-enchérir: «"La République est en danger", écoutez, ils nous ont fait le même coup aux municipales de 2014 en nous expliquant que si le Front national remportait des villes, la République était en danger, que ces villes allaient être noyées sous les sauterelles et que le soleil allait s'arrêter de briller. Tout cela évidemment était faux».

Mais une autre figure du Front national a, lui aussi, réagi à l'interview de Daniel Keller. Dans un communiqué, Jean-Marie Le Pen, le fondateur du parti, avec qu'il est aujourd'hui engagé dans un bras de fer judiciaire, a égratigné sa fille. «Les propos de Daniel Keller devraient pousser la direction du FN à méditer sur la vacuité de son rêve de dédiabolisation». «Ceux qui pensaient que la mise à l'écart de Jean-Marie Le Pen pouvait séduire des milieux qui lui sont structurellement et philosophiquement hostiles reçoivent aujourd'hui un méprisant démenti», se félicite le patriarche.

Un Etat dans l'Etat

Sur le site du Point, la journaliste d'investigation Sophie Coignard tient à rappeler que Gilbert Azibert, ex-secrétaire général du ministère de la Justice sous Sarkozy, «surnommé Annulator, quand, président de la chambre de l'instruction à Paris, il réduisait à néant un nombre appréciable de dossiers, parfois sensibles», «est l'un des dignitaires de la Grande Loge nationale française (GLNF).«

«Comme tous ses collègues initiés, il a donc prononcé deux serments : l'un dans les prétoires, l'autre en loge. (...) Son exemple met en lumière toutes les difficultés qui résultent de cette double allégeance : est-ce que l'une, professionnelle, prend toujours le pas sur l'autre, discrète ? Une question d'autant plus douloureuse qu'aucun magistrat, en France, n'a jamais eu le courage d'effectuer son coming out« .

«À tous les étages de la magistrature, et surtout aux plus élevés – c'est à cela que ça sert -, les francs-maçons sont là ». Mais «en France, c'est l'omerta. Résultat : dès qu'une affaire éclate, le soupçon jaillit » et la journaliste souligne que ce n'est pas le cas dans d'autres pays aux Etats-Unis bien sûr ou les maçons s'affichent en pleine lumière, mais aussi en Grande-Bretagne et en Italie.

En 2003, auditionné par la Commission Stasi sur la laïcité, Bruno Gollnisch créa l'effroi et la stupeur chez les membres de ladite commission, lorsqu'il souleva justement la question de l'affiliation de responsables de l'Etat, de dépositaires de l'autorité publique, à des syndicats politisés et/ou à des sociétés secrètes, à la franc-maçonnerie pour parler clairement .

Le député FN avait relevé que le Premier ministre britannique de l'époque , le travailliste Tony Blair, estimait dans l'ordre des choses que les personnages publics occupant des fonctions dans l'appareil de l'Etat, les ministres et fonctionnaires déclarent publiquement leur appartenance aux syndicats, loges, et autres »associations » . Est-il impensable, comme le souhaitent certains, de demander la publication du nom des membres des loges exerçant des fonctions publiques, à l'instar de ceux des associations d'anciens élèves des grandes écoles qui publient un annuaire consultable par tous?

«Un gage de transparence indispensable au bon fonctionnement de la démocratie» avait-il noté. «Je suis inquiet de votre conception de la sphère privée» lui avait répliqué d'un air pincé le philosophe laïcard d'extrême gauche Henri Pena-Ruiz. Ce dernier, qui milite aujourd'hui au Parti de Gauche du Grand oriental Mélenchon, n'est certes nullement gêné par les agissements bien sectaires des rouges du Syndicat de la Magistrature – souvent pointés par Bruno Gollnisch et le FN- et bien silencieux sur les troubles connexions entre le monde des affaires, les sociétés secrètes et la classe politicienne.

Pour prendre également l'exemple de l'Italie, il est ainsi interdit aux magistrats de faire partie de sociétés secrètes comme la maçonnerie, et le scandale maçonnique retentissant comme celui impliquant la loge P2, le krach de la banque Ambrosiano en 1982, reste très vivace dans les esprits.

Or, nul besoin de fantasmagorie, de se plonger dans la lecture de bulletins confidentiels ou de sites complotistes, pointés avec horreur par les humanistes, pour avoir connaissance du nombre particulièrement élevé de maçons impliqués dans des embrouilles politico-affairistes. Les livres ne manquent pas sur le sujet comme celui de Ghislaine Ottenheimer et de Renaud Lecadre «Les Frères Invisibles«. Quant à la « grande presse«, elle s'en fait régulièrement l'écho, les dossiers sur le pouvoir ou l'influence des francs-maçons, voire les affaires qui en découlent, sont des marronniers des magazines français qui exposent le poids des maçons dans la justice, la police, les partis politiques...

Si la classe politicienne qui dénonce le populisme, le sentiment du « tous pourris » qui gagne une majorité de Français, voulait lever les soupçons de collusions, de corruptions, de règne du deux poids deux mesures qui accablent notre système démocratique, cet effort de transparence là serait une nécessité.

Les Francs-maçons de Marine

La candidate du Front national est parvenue à recruter deux francs-maçons pour son équipe de campagne. Une bravade qui déclenche un tollé dans les loges. Une énorme provocation. Marine Le Pen a convaincu deux avocats francs-maçons de lui prêter main-forte pour sa campagne présidentielle.

Une prise extraordinaire, puisque Jean-Marie Le Pen demandait, du temps où il présidait le Front national, la disparition pure et simple de toutes les obédiences maçonniques. Il y a encore une dizaine d'années, le Grand Orient de France exigeait, lui, l'interdiction du FN. C'est dire si les deux ralliements à la candidate frontiste ont fait l'effet d'une bombe dans le monde maçonnique.

Qui sont donc ces deux frères par qui le scandale arrive ? Le médiatique Gilbert Collard et le très discret Valéry Le Douguet. Ils ont été l'un et l'autre conseils d'une épouse de Jean-Marie Le Pen. Me Collard avait pour cliente Pierrette, la mère de Marine, de qui il est devenu très proche après le divorce, au milieu des années 1980. Me Le Douguet était, lui, l'avocat de Jany, la femme actuelle du leader frontiste.

Dans son entourage figurent également d'autres frères tels que son conseiller économique Jean-Richard Sulzer, affilié à la GNLF et collaborateur parlementaire de Gilbert Collard.

Pour Gilbert Collard, l'engagement maçonnique ne date pas d'hier, car il a été initié dès la fin des années 1960 dans l'atelier marseillais les Vieux Amis de la Grande Loge de France, celle que fréquentait son père. Juste après la mort de ce dernier, il a décidé de changer d'obédience et de rejoindre la Grande Loge nationale française. Peut-être parce que celle-ci fut la seule fédération maçonnique à refuser d'appeler à voter contre Jean-Marie Le Pen au second tour de la présidentielle de 2002.

Valéry Le Douguet, avocat pénaliste exerçant à Saint-Emilion (Gironde) et à Paris, présente un tout autre profil. Ce militant UMP a choisi de frapper tout récemment à la porte d'un temple du Grand Orient de France (GODF). Cette obédience, classée à gauche, a inscrit dans son règlement général l'interdiction de collaborer «à une association ou à un groupement appelant à la discrimination, à la haine, à la violence envers une personne ou un groupe de personnes en prétextant de leur origine, leur appartenance à une ethnie ou à une religion déterminée ».

Aussi son cas a-t-il été longuement évoqué, les 26 août et 30 septembre 2011, au cours de deux séances du conseil de l'ordre du GODF, le gouvernement de l'obédience. Décision unanime : suspension à titre provisoire. Avant que la chambre suprême de justice maçonnique ne se prononce sur une éventuelle radiation.

La loge parisienne où Le Douguet a été accueilli – l'Infini maçonnique – est connue pour avoir élu comme vénérable Alain Bauer, avant qu'il devienne grand maître de toute l'obédience. Dans cette affaire, il juge son obédience trop molle : « En 1998, quand j'étais « garde des sceaux » du GO, il nous a fallu vingt-sept secondes pour évincer Jean-Pierre Soisson, après qu'il eut été élu président de sa région avec des voix FN. »

« Membre de l'UMP, j'ai volontairement choisi le GODF pour qu'il y ait débat, confie Valéry Le Douguet. Je me suis fait des illusions sur l'humanisme des frères. Marine Le Pen n'est ni raciste ni xénophobe.» A cette question de principe s'ajoute un soupçon d'infiltration : Le Douguet est-il un provocateur, entré au GODF il y a à peine plus d'un an pour créer un incident pendant la campagne présidentielle ? Bien des francs-maçons le croient. Infiltré ou pas, Le

Douguet n'exclut pas de porter l'affaire devant les tribunaux de la République s'il était radié.

Une longue histoire...

Lorsque le commun des citoyens de l'Hexagone entend parler de franc-maçonnerie, il songe indéniablement au Grand Orient (GO), certes la plus ancienne obédience (1773), longtemps quasiment seule à exister (jusqu'en 1894 quand se forme la Grande Loge de France [GLF]), en tout cas la plus importante en nombre avant que la Grande Loge nationale française (GLNF, créée en 1913) ne finisse, quelques années durant, par la dépasser en nombre de Frères (en 2012, un tiers de ses membres firent scission pour fonder la Grande Loge de l'Alliance maçonnique française [GL-AMF])...

Le GO, redevenu certes la plus importante des obédiences maçonniques françaises (environ 50.000 membres), a de tout temps interdit l'appartenance au Front national, mais un tel ukase n'a jamais été lancé dans aucune autre obédience. Et pour cause, les autres obédiences d'importance (plus de 80.000 membres, donc aux effectifs plus nombreux) interdisent, telle la GLF, « de s'occuper de controverse touchant à des questions politiques ou religieuses », ou encore la GLNF qui, interdisant tout débat politique en interne a, de ce fait, refusé très officiellement d'appeler à voter contre Jean-Marie Le Pen en 2002... Et désormais aussi la GL-AMF qui « refuse toute prise de position politique ou sociétale ».

Pour la petite histoire, le « monsieur Justice » de Marine Le Pen, l'avocat Valéry Le Douguet, favorable à la peine de mort et hostile au mariage homosexuel, a été exclu du Grand Orient... où il avait été initié peu de temps auparavant. « Les Frères prônent la tolérance mais, visiblement, ils ne l'appliquent pas en leur sein », a-t-il fustigé son ancienne obédience.

La guerre de GODF

L'hebdomadaire révèle qu'un communiqué a été envoyé par le Grand-Orient de France –première obédience maçonnique-, à plus de 1200 loges maçonniques. Bien que dans ce communiqué, le terme « Front National » n'est jamais directement employé, on devine que le Grand-Orient y fait référence.

On parle ainsi d'un «parti de l'amertume et de la désillusion (...) de l'abstention ou de la protestation» tout en insistant sur l'importance «répandre les vérités que nous avons acquises à l'intérieur du temple» avec un vote «citoyen et républicain responsable».

Contacté par l'Express, Daniel Keller, le Grand Maître du Grand Orient de France, a expliqué que le communiqué cherchait à convaincre «les abstentionnistes que la République n'existe que par l'engagement citoyen de chacun» et que «nos valeurs ne peuvent se confondre avec celles du FN». Si le communiqué était implicite, les propos de M. Keller, eux, le sont moins.

Monsieur Daniel Keller, grand maître de cet ordre maçonnique n'apprécie que très modérément la montée en puissance du Front National et craint que celui-ci prennent des régions et pourquoi pas en 2017, la Présidence de la République.

Les Francs-Maçons de la...droite

Les maçons de droite sont encore plus discrets sur leur engagement que les frères de gauche. On a longtemps associé, à tort, la franc-maçonnerie à la gauche laïcarde. La vérité est bien différente. Certes, on peut classer "à gauche" la principale obédience française, le Grand Orient de France, si l'on se réfère à ce clivage issu de la Révolution. Xavier Bertrand, il avait choisi cette obédience en 1995 par souci d'« ouverture aux autres et à leurs idées ».

Nicolas Sarkozy lui-même compte parmi ses conseillers un ancien Grand Maître du Grand Orient, le criminologue Alain Bauer, ce qui n'a pas empêché cette obédience de critiquer sévèrement les propos du chef de l'État sur la laïcité positive, prononcés à Saint-Jean-de-Latran en 2007. Mais le Grand Orient n'est pas la seule obédience maçonnique française. Et c'est plutôt à la Grande Loge nationale française que sont tentées d'adhérer les personnalités de droite séduites par la franc-maçonnerie. Ses membres appartiennent « à des catégories socioprofessionnelles élevées, dotés de capacités à s'interroger sur la marche du monde », résume le Grand Maître de cette obédience, François Stifani : plus de 40 000 hommes « qui croient en quelque chose, ce sont autant de soldats ».

À l'Assemblée, on peut estimer qu'il y a un franc-maçon de droite pour deux francs-maçons de gauche : un tiers-deux tiers. Au Sénat, considéré comme l'un des bastions de la franc-maçonnerie, ce serait plutôt moitié-moitié. Il est vrai que la droite et le centre y sont majoritaires. On connaît la composition de la fraternelle parlementaire, mais elle ne rassemble pas que des élus : des fonctionnaires de l'Assemblée nationale et du Sénat et des membres du Conseil économique, social et environnemental en font aussi partie. En revanche, tous les élus francs-maçons n'appartiennent pas à cette fraternelle, car ils ne veulent pas dévoiler leur engagement. Globalement, on peut estimer qu'un quart des sénateurs sont francs-maçons. La proportion est moindre à l'Assemblée.

À la GLNF, il est interdit de parler politique en loge. Ce n'est pas conseillé non plus à la Grande Loge de France, mais on peut y parler d'éthique et de sujets de société. Au Grand Orient, en revanche, on parle sans arrêt politique, sauf dans quelques loges axées sur le symbolisme. Chaque année, les différentes obédiences déterminent des thèmes de réflexion qui recoupent souvent, au Grand Orient, les grands débats d'actualité. Pour autant, l'influence visible de la franc-maçonnerie sur l'adoption de tel ou tel texte de loi a plutôt diminué : elle n'a plus le pouvoir qu'elle avait il y a cent ans.

Les francs-maçons ont joué un rôle important dans l'adoption des lois sociales, après guerre, et des lois sociétales, depuis trente ou quarante ans. La loi sur l'avortement ne serait sans doute pas passée sans le vote des francs-maçons de gauche. Sur ce texte, les obédiences ont "fabriqué" du consensus, au-delà du traditionnel clivage droite-gauche. L'ancien grand maître de la Grande Loge de France, le docteur Pierre Simon, et celui du Grand Orient de France, le sénateur Henri Caillavet, ont eu dans ce domaine une action déterminante. L'abolition de la peine de mort fait aussi partie des grands combats de la franc-maçonnerie, comme la défense de la laïcité. Actuellement, elle travaille à la dépénalisation de l'euthanasie. L'Association pour le droit de mourir dans la dignité (ADMD) compte parmi ses fondateurs de nombreux francs-maçons. On l'a beaucoup entendue lors des affaires Vincent Humbert puis Chantal Sébire.

Les partenaires sociaux

Le paritarisme est né après la guerre, à l'époque de la reconstruction. Les obédiences ont investi les organismes paritaires parce que les engagements maçonniques favorisaient les accords entre des partenaires dont les intérêts sont a priori disjoints. Côté patronat, la CGPME compte en son sein de nombreux frères, le Medef un peu moins. Côté syndicats, Force ouvrière en accueille beaucoup, plus que la CGT. Ils sont aussi nombreux au sein des chambres de commerce, à commencer par la plus prestigieuse d'entre elles, celle de Paris. Quant à la formation professionnelle, il est très rare d'y occuper un poste de responsabilité quand on n'est pas franc-maçon. Cette imprégnation facilite évidemment le dialogue entre les partenaires sociaux. Il n'est pas étonnant que tant de ministres des Affaires sociales aient eux mêmes été francs-maçons. Brice Hortefeux n'a jamais démenti son appartenance.

La concurrence

La vie des obédiences, c'est un mélange détonant de fraternité et de compétition. Elles cherchent toutes à faire plus d'adhésions que les autres. Pour le Grand Orient, qui est une "invention" totalement française, il est important de rester l'obédience la plus nombreuse : cela lui permet d'asseoir sa légitimité en France. La GLNF, en revanche, est la seule obédience reconnue par la Grande Loge unie d'Angleterre, le berceau de la franc-maçonnerie : elle cherche elle aussi à recruter pour continuer à "briller" auprès de la maison mère. Et puis, les adhérents, c'est aussi de l'argent. À la GLNF, la cotisation annuelle s'élève à 400 euros. Multipliés par 40 000 membres, cela fait quand même 16 millions d'euros. Comme beaucoup de grosses associations, les obédiences sont aussi des entreprises, qui doivent être gérées rigoureusement et recruter des "clients".

Solidarité

Le poids des frères se fait également sentir dans le monde de la justice. Quand Vincent Lamanda fut nommé premier président de la Cour de cassation, ce fut une minirévolution dans cette cour suprême, « Etat maçonnique miniature » . Pour la première fois, ni le premier président ni le procureur général n'étaient des initiés. Lamanda aurait même poussé la provocation en confiant au CSM, qui devait le désigner : « Je ne suis pas franc-maçon. » Tempête dans le landerneau judiciaire, truffé de frères. A tel point que Lamanda dut se fendre d'une lettre d'excuses, sans vraiment démentir. Il est un des rares, dans ce microcosme, à détester ouvertement les francs-maçons.

Dans certaines institutions, on n'a carrément pas intérêt à être un profane. Augustin de Romanet, nommé à la tête de la Caisse des dépôts en 2007, en a fait l'amère expérience. Cet énarque catholique tout en rondeur a le sentiment, dès son entrée en fonctions, « que l'entourage de [son] prédécesseur [Francis Mayer] compte de nombreux frères ». Très vite, l'épreuve de force entre le catho et les initiés provoque des polémiques au sujet des nominations ou des évictions. Ainsi, quand Dominique Marcel, le numéro deux et ex-dir cab de Martine Aubry, est remercié par Romanet, c'est le tollé. Commentaire au siège de la Caisse : « C'est moins une chasse aux sorcières qu'une chasse aux frères. » La solidarité est la première des vertus maçonniques....

Fleurons

Les francs-maçons détiennent de nombreux bastions, comme les mutuelles, le « paradis des frères », ou Bouygues, ou encore Eiffage. Malgré la privatisation de nombreuses entreprises publiques où les francs-maçons étaient très présents, ces derniers ont conservé leur place à tous les étages de la hiérarchie, conseils d'administration compris. C'est le cas de La Poste et de France Télécom, qui ont succédé au ministère des PTT, véritable pépinière fraternelle. Idem pour Air France, où les dirigeants comme les pilotes connaissent un taux d'initiation bien supérieur à la moyenne nationale.

Alain Bauer

Une affirmation que tente de relativiser un des plus connus d'entre eux, Alain Bauer, ancien grand maître du Grand Orient et super-conseiller de Nicolas Sarkozy. En décembre 2007, il déclare: « Ce gouvernement est le plus a-maçonnique qui soit, puisque nous sommes à zéro franc-maçon. Même sous le gouvernement du maréchal Pétain à Vichy, il y en avait, hélas. » Bauer sera pris à contrepied. Car, quelques semaines plus tard, Brice Hortefeux, qui n'est pas le moins voyant des ministres, ne dément pas avoir longtemps fréquenté les colonnes du temple. Puis l'on apprend que Xavier Bertrand est membre du Grand Orient, ce qui suscitera, dit-on, ce bon mot de François Fillon : « Je ne suis pas étonné de le découvrir maçon ; mais franc, cela m'en bouche un coin... » A droite, même si l'on est plus discret qu'à gauche sur son appartenance maçonnique, on est donc bien présent dans les loges. Et, si le chef de l'Etat n'est pas de la « famille », il en prend grand soin, sachant son poids.

« Jamais je n'aurais pensé que les francs-maçons étaient aussi puissants ! » Cette réflexion effarée de Jean-Pierre Raffarin vient d'un épisode vécu lorsqu'il était Premier ministre. Il en garde un très mauvais souvenir : la mobilisation fraternelle l'a en effet empêché, malgré tous ses efforts, de nommer à la tête d'EDF, bastion franc-maçon, l'ancien ministre Francis Mer à la place de François Roussely, qui admet être proche des frères pour les avoir beaucoup fréquentés. Pour le défendre, un déluge de coups de téléphone s'abat sur Matignon. Il y avait tous les jours un appel de Bauer et un autre d'Henri Proglio, patron de Veolia, qui dément très mollement être initié. La bataille dure des semaines. Pour finir, les ligueurs ne sauvent pas Roussely, mais ont la peau de Mer. Raffarin en tremble encore.

Avant même de devenir président et de pratiquer l'ouverture politique, Nicolas Sarkozy s'est rapproché d'un franc-maçon venu de la gauche. Elu grand maître du Grand Orient à 38 ans, en 2000, Alain Bauer cumule plusieurs vies, qu'il se plaît parfois à enjoliver. S'il assure avoir appartenu au cabinet de Michel Rocard à Matignon entre 1988 et 1991, les conseillers qui y travaillaient quotidiennement, eux, ne gardent pas ce souvenir. « Depuis longtemps gravitaient dans l'orbite de Rocard trois jeunes gens très intelligents et très carriéristes, se souvient un collaborateur de toujours de l'ancien Premier ministre. Alain Bauer, Manuel Valls, aujourd'hui député maire d'Evry, et Stéphane Fouks, le seul des trois à n'être pas franc-maçon. Ils s'étaient partagé le marché. Au premier l'influence, au deuxième la politique, au troisième le monde des affaires. [...] »

Alain Bauer est aussi criminologue. Chantre de la « tolérance zéro », il a vu son étoile monter à la fin des années 90, quand la théorie de l'« excuse sociale » n'a plus convaincu. Consulté à plusieurs reprises par Nicolas Sarkozy, alors ministre de l'Intérieur, il a su trouver le ton qu'il fallait pour retenir son attention.

Au printemps 2006, Nicolas Sarkozy lui demande de dresser une liste de grands maîtres qu'il pourrait inviter Place Beauvau. A l'époque, les deux hommes se vouvoient encore : « Est-ce que vous voudriez venir au déjeuner pour faire les présentations ? » demande le ministre. Bauer a déjà anticipé en téléphonant lui-même à chacun des intéressés. Il s'empresse donc d'accepter. [...]

Au cours d'une de leurs rencontres, à l'été 2006, il est surtout question de sécurité. Mais Bauer finit par apostropher le candidat à la présidentielle d'une façon assez « gonflée » : « Tu souffres d'un grave problème structurel. Tu penses que la République est comme une grande commode dans laquelle il y aurait plein de tiroirs que l'on ouvrirait les uns après les autres pour gérer le contenu de chacun. Tu as une image de libéral qui donne l'impression de ne pas être républicain. Personne d'autre parmi les candidats, pas même ceux d'extrême gauche, n'est susceptible comme toi d'être l'objet d'un procès en antirépublicanisme. Si tu continues, tu vas faire une campagne à cloche-pied. »

Alain Bauer s'empresse de rédiger quelques feuillets où il invoque le drapeau, Valmy, Jaurès et Blum. Il l'envoie au ministre de l'Intérieur qui doit s'envoler pour Marseille, où il doit prononcer durant le premier week-end de septembre un grand discours de rentrée à l'occasion de l'université d'été des Jeunes populaires. Par curiosité, Alain Bauer écoute la radio le 3 septembre pour savoir si son nouveau champion a tenu compte de ses conseils. Et là, ses espoirs les plus fous sont dépassés. Il retrouve des passages entiers de la note qu'il a envoyée au candidat. Extraits : « Quand Jaurès disait aux lycéens : "Il faut que, par un surcroît d'efforts et par l'exaltation de toutes vos passions nobles, vous amassiez en votre âme des trésors inviolables", c'était le contraire du nivellement prôné par la gauche d'aujourd'hui. [...] . »

Musulmans

Afin de rassurer ses habitants et suite aux attentats qui ont endeuillé la France, le maire de Béziers a diffusé une charte de bonne conduite destinée aux imams et responsables religieux des mosquées de la ville.

Connu pour ses déclarations chocs et ses actions médiatiques et controversées, Robert Ménard, maire de Béziers et fondateur de Reporters sans frontières, a ainsi présenté une charte de bonne conduite destinée aux imams et responsables religieux de sa ville lors d'une conférence de presse donnée ce jeudi 26 novembre au matin.

Cette « Charte des mosquées de Béziers » est destinée à « rassurer l'ensemble des habitants de la ville » explique son préambule. Celui-ci dénonce les liens entretenus par la communauté musulmane de Béziers avec l'imam de Brest dont la mosquée a été perquisitionnée par la police ainsi que la tenue de conférences de l'imam de Montpellier, Mohammed Khabatti. Assigné à résidence par les autorités, celui-ci est connu pour ses déclarations polémiques. Dans son prêche du vendredi 23 novembre, il prédisait que « le musulman est un géant endormi et s'il se réveille, malheur à celui qui se trouve à côté, parce qu'il restaurera la gloire de l'humanité » et demandait à Allah de soutenir partout ses « moudjahidines ».

Avec cette charte, Robert Ménard explique vouloir « réussir au niveau local ce que l'État a été incapable de faire au niveau national ». Elle se décline ainsi en six points, destinés à obtenir une clarification des activités des mosquées de la ville. Les imams doivent s'engager à ne prêcher qu'en Français, à ne « faire aucun appel à la prière dans la rue sous quelque forme que ce soit », « à ne pas poursuivre d'activités et à entretenir des liens avec des associations ou des mosquées, en France ou à l'étranger, appartenant aux courants les plus extrémistes, salafiste et Frères musulmans ». Dans la même lignée, ils doivent également s'engager à ne pas faire la promotion de « cheikhs ou 'savants' saoudiens wahhabites, des cheikhs des Frères musulmans de tous les pays » ainsi que celle de « textes et livres comme ceux de l'école malékite qui prescrivent le jihad ou la peine de mort pour les apostats ou homosexuels ». Enfin, les imams et responsables religieux ne doivent recevoir aucun financement d'un Etat ou d'une association étrangère.

Si aucune réaction officielle n'a, pour le moment, été communiquée, les musulmans de Béziers ont indiqué sur Facebook une « manipulation avec amalgames ».

Dans le Figaro, Thibault de Montbrial explique «Un certain nombre d'imams sont nocifs. Dans le discours public, on met beaucoup en avant la radicalisation sur internet et en prison, mais on sous-estime la radicalisation par les prédicateurs. La principale difficulté consiste à identifier des imams qui tiennent souvent un double discours. Certaines mosquées sont transformées en univers clos, se dotent de physionomistes pour identifier d'éventuelles infiltrations par les services de renseignements. Il faut davantage surveiller les mosquées». Le maire de Béziers a, lui, opté pour de la prévention.

Le FN

En premier lieu, le FN a bâti une véritable « légende musulmane », avec pour héros bien sûr, Jean-Marie Le Pen qui se présente comme l'avocat des Français musulmans. Le leader du Front national aime évoquer ce fameux discours du 29 janvier 1958 dans lequel il prônait l'intégration des musulmans à la nation française. Je cite un extrait :

« J'affirme, que dans la religion musulmane rien ne s'oppose, au point de vue moral, à faire du croyant ou du pratiquant musulman un citoyen français complet. Bien au contraire. Sur l'essentiel, ses préceptes sont les mêmes que ceux de la religion chrétienne, fondement de la civilisation occidentale. D'autre part, je ne crois pas qu'il existe plus de race algérienne qu'il n'existe de race française. Il y a une collectivité que les us et coutumes ancestraux séparent à la fois du monde moderne et de la collectivité d'origine métropolitaine. Aux musulmans, offrons l'entrée et l'intégration dans une France dynamique, dans une France conquérante. Au lieu de leur dire comme nous le faisons maintenant : 'Vous nous coûtez très cher, vous êtes un fardeau', disons leur : nous avons besoin de vous. Vous êtes la jeunesse de la nation ». (J.-M. Le Pen, Assemblée nationale, 29/01/1958).

Au-delà de ce discours, Jean-Marie Le Pen aime se remémorer ses exploits historiques en direction des musulmans, notamment pendant la campagne de Suez en 1956, allant jusqu'à se présenter comme une sorte « d'Abbé Pierre des musulmans de France ». Encore récemment, sa fille Marine rappelait sur le plateau de la radio Beur-FM, le 6 juin 2006 :

« Mon père, déclare-t-elle, était le seul à enterrer les musulmans dans le respect des règles de l'islam, parce que personne ne voulait le faire. D'ailleurs, il a été désigné comme croque-mort, parce que justement, lui, il respectait les victimes musulmanes. Je ne connais pas beaucoup d'hommes politiques qui ont fait ça ». (Marine Le Pen, Beur-FM, 06/06/2006).

Dans cette « légende musulmane » bâtie par le Front national, Marine Le Pen présente volontiers son père, Jean-Marie, comme le promoteur de la « diversité musulmane » en politique. Selon elle, Le Pen en aurait été l'initiateur, presque le visionnaire, bien avant tous les autres hommes politiques français :

« A partir du moment où le racisme, c'est faire une différenciation entre nos compatriotes en fonction de la couleur de la peau, je peux dire et signer des deux mains que Jean-Marie Le Pen n'est pas raciste. Moi, je veux bien qu'on dise qu'il est raciste mais expliquez-moi pourquoi il a été le premier à proposer à la députation Ahmed Djebbour [en 1957] qui était un musulman. C'est la première fois en métropole qu'un musulman se présentait. Il a été celui qui a fait élire pour la première fois un député européen musulman qu'était en l'occurrence Mourad Kaoua [élu en 1984]. Il a été le premier à faire élire une femme conseillère régionale musulmane, Soraya Djebbour [élue en 1986]. Donc, à un moment donné il faut avoir une logique. Moi, je crois qu'en politique, qu'il y a les actions qui comptent et les actions de Jean-Marie Le Pen ont toujours démontré qu'il n'a pas comme fondement de sa politique un fondement raciste, contrairement à d'autres beaucoup plus que lui, croyez-moi, dans les autres partis politiques ». (Marine Le Pen, Beur-FM, 06/06/2006).

Avec les musulmans ou les supposés « musulmans », il fait exactement la même chose. Il joue à fond sur le sentiment d'identification et de rapprochement des victimes. A ce titre, l'entretien de Marine Le Pen, le 6 juin 2006, sur Beur-FM est presque une pièce d'archives dans le genre, jouant à fond sur la fibre sensible avec les musulmans et les banlieues. Elle compare ainsi la « discrimination » (sic) qu'elle aurait subie durant son enfance et son adolescence à celle des jeunes de banlieues relégués par l'establishment politique :

« Tout au long de ma vie, raconte Marine Le Pen, j'ai pu savoir et toucher du doigt ce que pouvait être l'exclusion. L'exclusion, c'est quoi ? C'est évidemment quelque chose de très injuste, puisque par définition ça se fonde sur des éléments sur lesquels ça ne devrait pas se fonder. Moi en l'occurrence, c'était le fait que j'étais la fille Le Pen et la question quand on est discriminé, quel que soit d'ailleurs le fondement, ce n'est pas de savoir qu'est ce que l'on a envie de faire dans la vie, c'est de savoir qu'est-ce que l'on vous laissera faire dans la vie. C'est très exactement comme cela que j'étais élevée et que j'ai vécu ». (Marine Le Pen, Beur-FM, 06/06/2006).

La thèse de la « conversion islamophile » du Front national, en général, et du « clan Le Pen », en particulier, doit être largement remise en cause. Néanmoins, il est vrai que l'on peut observer, depuis quelques années, une stratégie de « recentrage » du FN sur la question musulmane qui s'explique à la fois par des raisons idéologiques mais aussi par un réalisme démographique et électoral : si l'islam est bien devenu la « deuxième religion de France » selon la formule consacrée, lesdits « musulmans » constituent également un vivier électoral non négligeable, y compris pour le FN.

Tariq Ramadan

« Il y a un point néanmoins sur lequel nous avons été d'accord : l'opposition aux tests d'ADN. Pas pour les mêmes raisons toutefois. Marine Le Pen n'objecte rien sur l'indignité du principe et sur le scandale de la proposition. Elle pense tout simplement que ce projet est irréaliste et n'est que de la poudre aux yeux. Au passage, elle nous livre les éléments d'une stratégie gouvernementale à méditer : la proposition des tests ADN aurait été lancée à dessein, avec ses excès, pour attirer les énergies résistantes dans une direction alors qu'une autre politique très dure était mise sur pieds à coup de nouvelles lois et de nouveaux décrets. Heureux, et leurrés!, ceux qui se sont mobilisés pour s'opposer aux tests ADN (auxquels ils ont temporairement réussi à barrer la route) : ils n'auront malheureusement pas réalisé qu'il s'agissait surtout d'une manoeuvre, d'une distraction stratégique. Intéressant, et il n'y a pas à s'étonner que Marine Le Pen comprenne si bien la politique de Nicolas Sarkozy...sur certains dossiers, et notamment celui de l'immigration, c'est blanc bonnet et bonnet blanc...sensiblement teinté

Bertrand Dutheil de La Rochère,
Porte-parole de campagne de Marine Le Pen

Pendant que Nicolas Sarkozy roucoulait au Cap Nègre, le citoyen helvétique Tariq Ramadan se mêlait, au Bourget, au congrès de l'UOIF, des élections françaises. Il intimait aux Français de ne pas aborder certains sujets, comme le halal, la burqa ou l'identité nationale. Cet intellectuel musulman devrait apprendre que, dans une République laïque, il n'existe pas de sujet défendu. Car le libre débat démocratique unit les citoyens. Les interdits créent des factions. Il n'est jamais bon de cacher la poussière sous le tapis.

Tariq Ramadan a aussi déclaré : « Il faut bien sûr condamner les meurtres de Montauban et de Toulouse, sans hésitation, mais (...) ce que nous attendons d'un gouvernement ce n'est pas de faire de la surenchère ». Ainsi, ce prêcheur étranger prétend donner des directives au gouvernement français. Certes, Nicolas Sarkozy n'est plus à une humiliation près pour la France. Mais les Français ne peuvent admettre tant d'arrogance sur leur territoire national. Et puis, ce « mais » soulève bien des interrogations. La condamnation des meurtres de Montauban et de Toulouse ne devraient soulever aucune restriction.

Enfin, Tariq Ramadan a déclaré en introduction : « On a dit que je n'étais pas le bienvenu en France et finalement je suis présent sans doute parce que les papiers qui sont les miens l'ont permis ». En effet, Claude Guéant a dit qu'il regrettait la venue de Tariq Ramadan. Mais le ministre de l'Intérieur est impuissant. La France n'est plus maîtresse chez elle. Les accords de Schengen l'obligent à recevoir des Suisses comme Tariq Ramadan.

Marine Le Pen remettra en cause ce principe de libre circulation dans un espace européen non contrôlé. Le peuple français doit retrouver sa pleine souveraineté dans tous les domaines. Ainsi, les Français musulmans pourront se libérer de l'emprise de ces prêcheurs étrangers qui viennent attaquer les lois de la République et le principe même de laïcité. L'islam de France ne se construit pas en négociant tous azimuts, comme le fait en vain Nicolas Sarkozy depuis dix ans. L'islam de France s'édifiera par la volonté de nos compatriotes musulmans qui souhaitent vivre paisiblement leur foi, hors de toute influence étrangère. »

Juifs

À l'automne 2003, Marine Le Pen se rend aux États-Unis. Elle est accompagnée, entre autres, de Louis Aliot et d'un de ses proches, Guido Lombardi, un ancien représentant de la Ligue du Nord italienne. Ce dernier a rencontré Marine Le Pen quelque temps auparavant et considère qu'elle a un avenir politique.

Selon Carl Lang, c'est un «voyage clé, quasi secret» pendant lequel elle crée des contacts déterminants. Pendant une semaine, ils «rencontrent des gens de l'administration Bush, des personnes de la CIA et du FBI» et établissent des connexions. Ce voyage doit être considéré comme un remake de la tournée de Jean-Marie Le Pen, en 1987, juste avant la présidentielle de 1988. Il reste méconnu et, en même temps, essentiel pour appréhender la stratégie du FN mariniste.

Huit ans plus tard, et quelques mois après son élection à la présidence du FN, Marine Le Pen se rend de nouveau aux États-Unis avec, dans son entourage, encore une fois, Guido Lombardi. Elle ne parvient pas à s'afficher avec des personnalités politiques éminentes, mis à part Ron Prosor, l'ambassadeur d'Israël à l'ONU ; un entretien qualifié très vite de « malentendu » par les autorités israéliennes. Son compagnon et le vice-président chargé de la formation et des manifestations du FN, Louis Aliot, retourne en Israël peu après. Sa visite (qu'il qualifie de « privée ») aurait pour objectif de « montrer aux Franco-Israéliens que le FN a évolué. Que le parti de Marine Le Pen n'est plus de la génération de son père », précise Michel Fooris, candidat FN pour les Français de l'étranger dans la huitième circonscription.

Ces déplacements, qualifiés par le compagnon de Marine Le Pen de « déterminants», s'inscrivent dans la continuité de la première phase, entamée au début des années 2000, et la prolongent. De nouveau, en 2011, Marine Le Pen échoue.

Depuis son accession à la présidence du FN, elle montre clairement qu'elle veut en finir avec le lepénisme, notamment en balayant toute suspicion d'antisémitisme. La rupture avec le FN historique se situe, entre autres, sur ce point. Régulièrement, La présidente du FN envoie des signes aux Juifs de France. Par exemple, dans un entretien paru dans l'hebdomadaire Valeurs actuelles (19 juin 2014), elle s'exprime peu après le énième dérapage de son père.

Elle souhaite remettre les choses à leur place. Non seulement, affirme-t-elle, le FN n'est pas un adversaire des Juifs mais il est, «dans l'avenir, le meilleur bouclier pour (les) protéger ». La « dédiabolisation du FN ne porte que sur l'antisémitisme», expliquait en 2013 Louis Aliot. Le vice-président du parti continuait : « En distribuant des tracts dans la rue, le seul plafond de verre que je voyais ce n'était pas l'immigration ni l'islam... D'autres sont pires que nous sur ces sujets-là. C'est l'antisémitisme qui empêche les gens de voter pour nous.

Il n'y a que cela. À partir du moment où vous faites sauter ce verrou idéologique, vous libérez le reste. [...] Depuis que je la connais, Marine Le Pen est d'accord avec cela. Elle ne comprenait pas pourquoi et comment son père et les autres ne voyaient pas que c'était le verrou. Elle aussi avait une vie à l'extérieur, des amis qui étaient aux antipodes sur ces questions-là des Le Gallou et autres. C'est la chose à faire sauter. »

Les paroles de Louis Aliot sont à analyser au regard des nouveaux marqueurs avancés par ces hommes et femmes qui prétendent construire un autre Front National. Le changement de nom – et du logo – du Front National est à situer sur ce plan : celui de la rupture dénitive du FN avec son discours antisémite dans la perspective de prendre le pouvoir.

Crif

Sur Europe 1, lundi 23 février, le président du Conseil représentatif des institutions juives de France (CRIF), Roger Cukierman, a déclaré que la présidente du Front national, Marine Le Pen, «était irréprochable personnellement ». «On est tous conscients, dans le monde juif, que derrière Marine Le Pen, qui est irréprochable personnellement, il y a tous les négationnistes, tous les vichystes, tous les pétainistes. Pour nous, le FN est un parti à éviter », a-t-il indiqué.

M. Cukierman a tenu à préciser ensuite ses propos, indiquant à l'AFP que « Mme Le Pen n'est pas fréquentable parce qu'elle ne s'est pas désolidarisée des propos de son père », le président d'honneur du parti d'extrême droite, Jean-Marie Le Pen.

Des déclarations qui interviennent à quelques heures du 30e dîner annuel du CRIF, à laquelle Marine Le Pen n'est pas invitée, « parce que son parti est infréquentable ». « Le Front national est un parti pour lequel je ne voterai jamais, mais c'est un parti qui ne commet pas de violences ». a-t-il nuancé. Avant d'ajouter : « Toutes les violences aujourd'hui, et il faut dire les choses, sont commises par des jeunes musulmans. C'est une toute petite minorité de la communauté, c'est les musulmans en sont les premières victimes. »

Les propos de M. Cukierman à propos de Mme Le Pen ont provoqué l'indignation de plusieurs personnalités, dont le député (PS, Hauts-de-Seine) Alexis Bachelay, qui a appelé les responsables politiques à « condamner [ses] propos et boycotter le dîner du CRIF ». Sur Twitter, l'ex-patronne du Medef, Laurence Parisot, a quant à elle fait part de sa stupeur face aux propos du président du CRIF.

Dans l'après-midi, le Conseil français du culte musulman (CFCM) a fait savoir, par communiqué, qu'il jugeait « inopportun de participer au dîner du CRIF de ce soir ». Pour le CFCM, « considérer que "toutes les violences aujourd'hui sont commises par des jeunes musulmans" [...] sont des déclarations irresponsables et inadmissibles qui contreviennent au principe même du vivre-ensemble ».

La distinction opérée par M. Cukierman entre Mme Le Pen et son parti avait fait bondir Serge Klarsfeld : « Mme Le Pen n'a pas rompu avec son père. Elle dirige le Front national qui porte le passif des prises de position antisémites du père qui est président d'honneur du Front national », avait réagi auprès de l'AFP l'avocat et historien, fils d'un déporté à Auschwitz-Birkenau.

Roger Cukierman : "Il est indigne, pour un juif, de voter pour le FN. Nous avons un devoir de mémoire, et le devoir de nous rappeler qu'il y a eu beaucoup de vichystes, de négationnistes, de pétainistes au FN et que ceux qui se reconnaissent dans ces idéologies y sont encore. Le Crif vient de publier, à l'approche des élections régionales, un communiqué rappelant notre rejet des extrêmes, de gauche et de droite, et du Front national en particulier, nous le nommons. C'est indigne pour les Juifs de voter pour le FN.

« Le CRIF appelle à voter massivement dimanche prochain pour faire barrage au Front national, parti xénophobe et populiste. Ne laissons pas la République reculer ! », s'insurge dans un communiqué l'organisation communautaire.

Le CRIF reste toutefois silencieux sur le « ni retrait ni fusion » prôné par Nicolas Sarkozy, le président du parti Les Républicains. L'avocat Arno Klarsfeld, pourtant considéré comme un proche de Nicolas Sarkozy, s'est désolidarisé du président des Républicains, qualifiant de « politique du pire » le « ni retrait ni fusion ».

À l'automne 2003, Marine Le Pen se rend aux États-Unis. Elle est accompagnée, entre autres, de Louis Aliot et d'un de ses proches, Guido Lombardi, un ancien représentant de la Ligue du Nord italienne. Ce dernier a rencontré Marine Le Pen quelque temps auparavant et considère qu'elle a un avenir politique.

Selon Carl Lang, c'est un «voyage clé, quasi secret» pendant lequel elle crée des contacts déterminants. Pendant une semaine, ils «rencontrent des gens de l'administration Bush, des personnes de la CIA et du FBI» et établissent des connexions. Ce voyage doit être considéré comme un remake de la tournée de Jean-Marie Le Pen, en 1987, juste avant la présidentielle de 1988. Il reste méconnu et, en même temps, essentiel pour appréhender la stratégie du FN mariniste.

Huit ans plus tard, et quelques mois après son élection à la présidence du FN, Marine Le Pen se rend de nouveau aux États-Unis avec, dans son entourage, encore une fois, Guido Lombardi. Elle ne parvient pas à s'afficher avec des personnalités politiques éminentes, mis à part Ron Prosor, l'ambassadeur d'Israël à l'ONU ; un entretien qualifié très vite de « malentendu » par les autorités israéliennes. Son compagnon et le vice-président chargé de la formation et des manifestations du FN, Louis Aliot, retourne en Israël peu après. Sa visite (qu'il qualifie de « privée ») aurait pour objectif de « montrer aux Franco-Israéliens que le FN a évolué. Que le parti de Marine Le Pen n'est plus de la génération de son père », précise Michel Fooris, candidat FN pour les Français de l'étranger dans la huitième circonscription.

Ces déplacements, qualifiés par le compagnon de Marine Le Pen de « déterminants», s'inscrivent dans la continuité de la première phase, entamée au début des années 2000, et la prolongent. De nouveau, en 2011, Marine Le Pen échoue.

Depuis son accession à la présidence du FN, elle montre clairement qu'elle veut en finir avec le lepénisme, notamment en balayant toute suspicion d'antisémitisme. La rupture avec le FN historique se situe, entre autres, sur ce point. Régulièrement, La présidente du FN envoie des signes aux Juifs de France. Par exemple, dans un entretien paru dans l'hebdomadaire Valeurs actuelles (19 juin 2014), elle s'exprime peu après le énième dérapage de son père.

Elle souhaite remettre les choses à leur place. Non seulement, affirme-t-elle, le FN n'est pas un adversaire des Juifs mais il est, «dans l'avenir, le meilleur bouclier pour (les) protéger ». La « dédiabolisation du FN ne porte que sur l'antisémitisme», expliquait en 2013 Louis Aliot. Le vice-président du parti continuait : « En distribuant des tracts dans la rue, le seul plafond de verre que je voyais ce n'était pas l'immigration ni l'islam... D'autres sont pires que nous sur ces sujets-là. C'est l'antisémitisme qui empêche les gens de voter pour nous.

Il n'y a que cela. À partir du moment où vous faites sauter ce verrou idéologique, vous libérez le reste. [...] Depuis que je la connais, Marine Le Pen est d'accord avec cela. Elle ne comprenait pas pourquoi et comment son père et les autres ne voyaient pas que c'était le verrou. Elle aussi avait une vie à l'extérieur, des amis qui étaient aux antipodes sur ces questions-là des Le Gallou et autres. C'est la chose à faire sauter. »

Les paroles de Louis Aliot sont à analyser au regard des nouveaux marqueurs avancés par ces hommes et femmes qui prétendent construire un autre Front National. Le changement de nom – et du logo – du Front National est à situer sur ce plan : celui de la rupture définitive du FN avec son discours antisémite dans la perspective de prendre le pouvoir.

Sur Europe 1, lundi 23 février, le président du Conseil représentatif des institutions juives de France (CRIF), Roger Cukierman, a déclaré que la présidente du Front national, Marine Le Pen, «était irréprochable personnellement ». «On est tous conscients, dans le monde juif, que derrière Marine Le Pen, qui est irréprochable personnellement, il y a tous les négationnistes, tous les vichystes, tous les pétainistes. Pour nous, le FN est un parti à éviter », a-t-il indiqué.

M. Cukierman a tenu à préciser ensuite ses propos, indiquant à l'AFP que « Mme Le Pen n'est pas fréquentable parce qu'elle ne s'est pas désolidarisée des propos de son père », le président d'honneur du parti d'extrême droite, Jean-Marie Le Pen.

Des déclarations qui interviennent à quelques heures du 30e dîner annuel du CRIF, à laquelle Marine Le Pen n'est pas invitée, « parce que son parti est infréquentable ». « Le Front national est un parti pour lequel je ne voterai jamais, mais c'est un parti qui ne commet pas de violences ». a-t-il nuancé. Avant d'ajouter : « Toutes les violences aujourd'hui, et il faut dire les choses, sont commises par des jeunes musulmans. C'est une toute petite minorité de la communauté, c'est les musulmans en sont les premières victimes. »

Les propos de M. Cukierman à propos de Mme Le Pen ont provoqué l'indignation de plusieurs personnalités, dont le député (PS, Hauts-de-Seine) Alexis Bachelay, qui a appelé les responsables politiques à « condamner [ses] propos et boycotter le dîner du CRIF ». Sur Twitter, l'ex-patronne du Medef,

Laurence Parisot, a quant à elle fait part de sa stupeur face aux propos du président du CRIF.

Dans l'après-midi, le Conseil français du culte musulman (CFCM) a fait savoir, par communiqué, qu'il jugeait « inopportun de participer au dîner du CRIF de ce soir ». Pour le CFCM, « considérer que "toutes les violences aujourd'hui sont commises par des jeunes musulmans" [...] sont des déclarations irresponsables et inadmissibles qui contreviennent au principe même du vivre-ensemble ».

La distinction opérée par M. Cukierman entre Mme Le Pen et son parti avait fait bondir Serge Klarsfeld : « Mme Le Pen n'a pas rompu avec son père. Elle dirige le Front national qui porte le passif des prises de position antisémites du père qui est président d'honneur du Front national », avait réagi auprès de l'AFP l'avocat et historien, fils d'un déporté à Auschwitz-Birkenau.

Roger Cukierman : "Il est indigne, pour un juif, de voter pour le FN. Nous avons un devoir de mémoire, et le devoir de nous rappeler qu'il y a eu beaucoup de vichystes, de négationnistes, de pétainistes au FN et que ceux qui se reconnaissent dans ces idéologies y sont encore. Le Crif vient de publier, à l'approche des élections régionales, un communiqué rappelant notre rejet des extrêmes, de gauche et de droite, et du Front national en particulier, nous le nommons. C'est indigne pour les Juifs de voter pour le FN.

« Le CRIF appelle à voter massivement dimanche prochain pour faire barrage au Front national, parti xénophobe et populiste. Ne laissons pas la République reculer ! », s'insurge dans un communiqué l'organisation communautaire.

Le CRIF reste toutefois silencieux sur le « ni retrait ni fusion » prôné par Nicolas Sarkozy, le président du parti Les Républicains. L'avocat Arno Klarsfeld, pourtant considéré comme un proche de Nicolas Sarkozy, s'est désolidarisé du président des Républicains, qualifiant de « politique du pire » le « ni retrait ni fusio

GLBT

La pitoyable bagarre autour du mariage pour tous a laissé de profondes cicatrices. Cette longue séquence d'insultes envers les LGBT de la part des partisans de la Manif Pour Tous n'a pas rapproché de la gauche les gays qui ont l'impression d'avoir été lâchés par le gouvernement Hollande.

A ce titre, le récent docu Homos, la haine programmé sur France 2 cette semaine montre à quel point les actes d'homophobie sont vus comme un retour en arrière politique. De plus en plus de gays se sentent trahis par le PS et la gauche en général. Une partie non négligeable s'abstiendra probablement lors des prochaines élections, comme d'autres Français pour d'autres raisons. Les gays de droite ne manqueront pas d'arguments pour sanctionner le gouvernement Hollande. Quand les sondages mettent Marine Le Pen au second tour de élections, il faut enfin comprendre que, parmi ces électeurs potentiels, il n'y a pas que des hétéros.

Le FN capitalise sur les griefs de la communauté LGBT envers les partis de droite et de gauche. Il encourage un mouvement continu depuis plusieurs années de droitisation du milieu LGBT sur fond de crise économique et de racisme anti-noirs ou anti-arabes. Il ne faut pas oublier la déclaration pivotale de Marine Le Pen le 10 décembre 2010 à Lyon:

«J'entends de plus en plus de témoignages sur le fait que dans certains quartiers, il ne fait pas bon être femme, ni homosexuel, ni juif, ni même Français ou blanc.»

Les lignes du FN ont bougé précisément parce que Philippot possède toute l'écoute de Marine Le Pen et, au-delà, c'est tout un réseau gay plus ou moins underground qui a accès aux discussions les plus élevées du parti frontiste. Dans certaines régions comme la Gironde, 50% des militants actifs du FN sont gays. Vous tirez Philippot et c'est toute une volière de mecs de droite qui déboule!

Donc le respect de la vie privée, à ce niveau élevé de l'échiquier politique, quand la France est bloquée depuis deux ans dans une guerre affligeante sur le mariage gay, c'est réellement une donnée journaliste de première importance. Comme d'autres partis frontistes européens le Front national a effectué une mue sociale à travers les gays, grâce aux gays, sur le dos des gays. Philippot en est le principal architecte. Le sujet gay sert toujours de curseur politique.

Tout d'abord, rappelons les faits. Sébastien Chenu a créé GayLib, un groupe de gays de droite en vue de «sensibiliser» l'UMP aux questions homosexuelles. Exactement comme Homosexualités & Socialisme est un groupe «censé» éduquer le PS aux mêmes thématiques.

Dans le milieu LGBT, tout le monde est conscient des échecs de ces associations dont on n'entend jamais parler et qui ont notoirement foiré leurs agendas. Pas besoin d'être au courant de tous les secrets politiques pour constater que GayLib n'est pas parvenu à empêcher l'effarante radicalisation antigay de la droite (à part Alain Juppé et Bruno Le Maire). Pas besoin non plus d'être très informé pour constater que H&S a fait un travail catastrophique dans la préparation du PS de la loi sur le mariage pour tous, ce qui a entraîné la cacophonie que l'on sait.

Le favoritisme gay de Marine Le Pen offusque la vieille garde du parti et les gays savent aussi que la présidente du Front national prend de grands risques en débauchant les Chenu de France et Navarre. Elle doit faire face à une révolte qui a grondé lors des récentes élections au comité central du parti.

Ce que les gays voient aussi, c'est qu'ils sont au centre d'un rééquilibrage des forces à l'extrême droite. Marine Le Pen se débarrasse des anciens militants du FN, comme elle a écarté son parti des images les skins et les vieux fachos. Elle modernise sa formation en montrant qu'il n'y a pas de tabou gay. Elle utilise les gays blancs de souche pour montrer que le problème, c'est toujours les immigrés, les noirs, les arabes. C'est la préférence nationale pour les gays aussi! Le racisme a grandi au sein de la communauté LGBT, dans leur vie de tous les jours ou dans la drague et il est désormais instrumentalisé par le FN.

C'est ce qui met l'outing de Florian Philippot dans l'air du temps, comme le ralliement de Sébastien Chenu vers Marine Le Pen. Le FN attire les gays qui n'ont pas leur place au PS et à l'UMP parce qu'ils ne sont pas reconnus ou encouragés. Ce qui les rassemble: ils sont tous blancs.

Ce glissement d'un faux leader gay de droite vers le FN n'est en outre pas étonnant quand on regarde ce qui se passe déjà à l'étranger dans les groupes frontistes. La montée de Ukip en Angleterre est déjà en train de provoquer le basculement de députés conservateurs effrayés de perdre leurs circonscriptions au moment des prochaines élections. Ce qui est intéressant en France, c'est que ce glissement de droite à l'extrême droite commence précisément par des gays comme Sébastien Chenu. Les gays sont toujours des trend setters –surtout quand il s'agit de trouver un job au Rassemblement Bleu Marine.

Il est vrai que ces éléments ne sont pas les premiers du genre et s'inscrivent dans une série de révélations allant dans ce sens. Il y eut l'outing de Steeve Briois, maire d'Hénin-Beaumont (et pilier du marinisme) puis des allégations reprises dans différents médias sur le nombre important de gays dans l'entourage de Marine Le Pen, ses opposants internes parlant « d'un lobby gay » sous l'influence duquel la leader du FN aurait décidé de faire profil bas lors de la mobilisation contre le mariage pour tous.

Puis lors de la campagne des municipales, Jean-François Belmondo, neveu du célèbre acteur et personnalité gay revendiquée, fut désigné second de la liste frontiste dans le 3ème arrondissement, arrondissement englobant le quartier du marais, territoire emblématique de la communauté homosexuelle. Et plus récemment, on apprenait que Matthieu Chartraire, élu par les lecteurs de Têtu, « Mister gay 2015 », affichait une proximité au FN, ce qui ne fut pas sans susciter un certain malaise au sein de la rédaction du magazine.

S'agit-il uniquement de quelques cas isolés dont certains seraient habilement exploités par le FN comme gage de la respectabilisation du parti (le fait qu'une part grandissante de la population homosexuelle vote pour le FN montrerait alors que le parti a changé et rompu avec son image sulfureuse et homophobe des débuts) ou d'une tendance sociologique plus lourde ? Et si oui, quels sont les facteurs qui ont présidé à cette évolution ?

Réalisée au début de la campagne présidentielle de 2012, une grande enquête de l'Ifop croisant les intentions de vote et une question d'auto-identification en matière sexuelle (les interviewés étant appelés à se définir comme hétérosexuel, bisexuel ou homosexuel) indiquait que les cas individuels présentés par la presse ne constituaient pas des cas isolés qui auraient généré un effet de loupe déformante mais renvoyaient à une tendance de fond. Cette enquête réalisée en octobre 2011 auprès d'un échantillon national représentatif de 9515 personnes (échantillon au sein duquel 6,5% se déclaraient gays, bis ou lesbiennes ; 3% se revendiquent homosexuels et 3,5% bisexuels) faisait ainsi apparaître que :

- Les candidats de gauche attiraient la moitié des suffrages des minorités sexuelles (49,5% contre 40,5% chez le reste des Français), sachant que, dans les rangs des homosexuels, les intentions de vote en faveur de la gauche étaient encore plus élevées : 53% ou total, dont un tiers pour François Hollande.

- Le potentiel électoral de François Bayrou était aussi un peu plus élevé dans leurs rangs (9%) que dans le reste de l'électorat (6,5%), tout comme d'ailleurs l'était le nombre de sympathisants du Modem (9% contre 7% chez les électeurs hétérosexuels).

- A l'inverse, les candidats de la droite parlementaire (Nicolas Sarkozy ou Dominique de Villepin) rassemblaient à peine 20% des intentions de vote des homosexuels et 25% de celles des bisexuels, soit un niveau largement inférieur à celui mesuré chez l'ensemble des Français (32,5%).

- Et fait marquant, la tentation de l'extrême droite était aussi forte dans les rangs des personnes affirmant une part d'homosexualité (17% chez les homosexuels, 20% chez les bisexuels) que chez l'ensemble des Français (19,5%) : Marine Le Pen recueillant le même nombre de suffrages chez les hétérosexuels (19,5%) que chez les non-hétérosexuels (19%).

Dans le détail des résultats, il est intéressant de noter que les individus s'identifiant comme gay et lesbienne penchent toujours plus à gauche que les bisexuels et cela que ce soit en matière de proximité politique (56% d'entre eux se disent proches d'un partie de gauche, contre 45% des bisexuels) ou d'intentions de vote (53% voteraient pour un candidat de gauche contre 47% des bisexuels). Cet élément irait donc dans le sens de certaines études américaines affirmant que les électeurs assumant totalement leur homosexualité tendent à soutenir les partis défendant les valeurs de libéralisme culturel alors que ceux qui n'ont pas fait leur coming out restent plus sensibles à un discours conservateur.

Aussi séduisante soit-elle, cette idée n'en reste pas moins difficile à confirmer compte tenu du fait que le clivage "homo/bis" ne recoupe pas forcément le clivage "outés" / "non outés". Didier Lestrade, fondateur d'Act up et auteur de Pourquoi les gays sont passés à droite, développe une analyse similaire quand il déclare que "la réapparition d'une homosexualité de droite est très clairement associée au refus catégorique du coming-out".

A l'issue de la séquence présidentielle, la position pour le moins alambiquée du FN durant le débat sur le mariage pour tous (le parti y étant opposé mais Marine Le Pen et d'autres leaders ayant ostensiblement boudé les grands rassemblements organisés par la Manif pour Tous) ne s'est pas traduite par un affaiblissement de l'audience frontiste dans la population bi et homosexuelle bien au contraire. On observe ainsi que le mouvement lepéniste a bénéficié entre avril 2012 et octobre 2013 d'une dynamique aussi importante dans cet électorat (+5 points) que parmi les hétérosexuels (+ 4 points) .

Le FN a toujours compté dans ses rangs des militants et des cadres homosexuels comme par exemple Jean-Claude Poulet-Dachary, adjoint au maire du maire FN de Toulon, Jean-Marie Le Chevalier, ex-légionnaire et ancien élève du séminaire d'Ecône créé par Monsieur Lefebvre, figure du milieu homosexuel toulonnais, retrouvé assassiné en bas de chez lui en août 1995.

Etre homosexuel et militer au FN n'était pas incompatible car comme l'avait expliqué Jean-Marie Le Pen : "Au FN : On ne pratique pas la police de la braguette". Toutefois, cette identité se devait de rester discrète comme en témoigne cette autre déclaration du fondateur du mouvement lors de l'université d'été de 1995 : "Je confesse qu'il doit y avoir des homosexuels au FN, mais il n'y a pas de folles.

Les folles on les envoie se faire voir ailleurs"... Si l'adhésion au parti était donc possible, un certain nombre de prises de position rendaient très difficile le vote FN dans la population gay. On se souvient par exemple de ses propos prononcés lors de l'émission "L'Heure de vérité" en 1984 : "L'homosexualité n'est pas un débat mais (....) une anomalie biologique et sociale" ou bien encore de cette sortie sur les sidéens 1987 : "Les sidaïques, en transpirant du virus par tous les pores, mettent en cause l'équilibre de la Nation (...) Le sidaïque (...), il faut bien le dire, est contagieux par sa transpiration, ses larmes, sa salive, son contact. C'est une espèce de lépreux si vous voulez".

Dans ce domaine comme dans d'autres, Marine Le Pen a opéré une rupture sémantique avec son père et adopté un ton beaucoup plus "gay friendly". Elle déclarait ainsi en 2010 que "dans certains quartiers, il ne fait pas bon être femme, ni homosexuel, ni juif, ni même français ou blanc" ou bien encore lors de son discours du 1er mai 2011 : "Qu'on soit homme ou femme, hétérosexuel ou homosexuel, chrétien, juif, musulman on est d'abord français". Marine Le Pen s'adressait donc ainsi explicitement aux homosexuels, les intégraient sans réserve dans la communauté nationale et affichait de l'empathie face aux difficultés que certains d'entre eux subiraient.

A cette ouverture, s'inscrivant en rupture avec la posture de son père, s'ajoute la capacité de Marine Le Pen à incarner une certaine proximité et une familiarité avec les codes de la culture gay. Cela passe, notamment, on l'a vu, par la mise en avant du ralliement de certaines personnalités mais aussi et surtout par son style et son image personnelle. Gilles Wullus, directeur de la rédaction de Têtu, déclarait ainsi à ce propos dans Le Point du 14 février 2013 : "Marine Le Pen est une fille à pédés, avec une image de fêtarde et de gay friendly". Dans le même ordre d'idées, Nicolas Lebourg, historien et spécialiste du FN, expliquait dans une interview accordée aux Inrocks : "C'est le phénomène Dalida. Marine Le Pen est adulée par un encadrement gay. Elle a toujours fréquenté la nuit gay".

Parallèlement à l'équation personnelle de Marine Le Pen et à son positionnement, assez différents de celui de son père et ayant levé un certain nombre de verrous dans la population homosexuelle, le développement du vote FN correspond également à une évolution idéologique à l'œuvre dans ce milieu. Il semble que les propos de Marine Le Pen pointant l'homophobie existant dans certains quartiers à forte population issue de l'immigration et la menace du fondamentalisme islamique vis-à-vis du mode de vie gay aient rencontré un certain écho dans une partie de cette communauté.

Les propos de Matthieu Chartraire, lauréat du concours Mister Gay 2015 organisé par Têtu vont dans ce sens : "Je ne partage pas toutes les idées du FN, son histoire n'est pas idéale, mais mon quotidien me fait dire que j'ai cette sympathie" tout comme ceux rapportés de plusieurs électeurs frontistes dans plusieurs articles de presse consacrés au vote FN dans le milieu gay. On retrouve ici la traduction concrète de ce que Gaël Brustier a appelé un "hédonisme sécuritaire".

En France comme dans d'autres pays européens, le libéralisme des mœurs, l'émancipation des femmes et des homosexuels hérités de Mai 68, seraient pour une part croissante de l'opinion, remis en cause et menacés par le développement de l'influence de l'islam. Marine Le Pen comme Geert Wilders aux Pays-Bas ou Oskar Freysinger en Suisse ont repris cette idée et se sont érigés en défenseur des modes de vie européens face au fondamentalisme musulman. Ce faisant, ces leaders ont marqué des points dans une partie de la communauté homosexuelle très attachée au libéralisme sociétal

Féministes

Communique de l'association « Osez le féminisme »

"Si être féministe c'est pouvoir exercer le métier que j'aime en gagnant le même salaire qu'un homme, si c'est être libre de disposer de mon corps et de pouvoir vivre ma vie politique, ma vie publique et ma vie personnelle comme je le souhaite, alors oui, je suis féministe!, affirme Mathilde Androuet, 31 ans et assistante de Florian Philippot. Tout comme le Front national." Et comme Marine Le Pen, sa présidente, qui n'avait pas hésité à citer Olympes de Gouges et Simone Veil lors de son intervention au forum ELLE-Sciences Po en 2012? Actuellement en campagne pour prendre la tête de la région Nord-Pas-de-

Calais-Picardie, elle vient de réaffirmer qu'elle ne supprimerait pas les subventions au Planning familial, contrairement à sa nièce Marion Maréchal-Le Pen, favorite en région PACA. Le parti a beau compter 45% de femmes parmi ses adhérents, peut-on réellement parler de féminisme pour autant?

Difficile à définir, le mot féminisme n'a pas de couleur politique pour Pascal Perrineau, politologue et professeur à Sciences Po: "En 2015, ce terme n'a plus le sens de militantisme engagé mais un sens plus ordinaire, car il fait appel à la notion d'égalité, dans le salaire, le travail", analyse-t-il. Pour Caroline de Haas, cofondatrice de Osez le féminisme!, il s'envisage de deux manières. Celle de prendre conscience qu'il existe des inégalités et celle de vouloir les combattre. Elle est en désaccord total avec le fait que le FN, "parti raciste et réactionnaire", soit associé à un mot positif comme le féminisme. "Pourquoi toutes ces nanas du FN n'ont-elles pas signé les pétitions contre le viol?", s'insurge-t-elle.

Mère de trois enfants, divorcée, Marine Le Pen "connaît les problèmes des femmes de 2015", selon Julia Abraham, 23 ans, conseillère FN de Strasbourg. Depuis qu'elle est à sa tête, elle a dédiabolisé son parti et lui a fait changer d'image en accordant de la place aux jeunes femmes et en leur confiant des responsabilités. C'est ce qui s'est passé avec Julie Apicena, 24 ans, coordinatrice du Front national Jeunesse dans la région Centre: "Les femmes ont toute leur place au FN et au FNJ, les chiffres augmentent. Quand j'ai commencé à militer, j'avais 16 ans, dans le département du Cher, je me sentais un peu seule, nous n'étions que deux ou trois femmes. Aujourd'hui, nous sommes quinze."

Certes, mais cette mise en avant reflète-t-elle des convictions de fond? Même si l'arrivée de Marine Le Pen a fait bouger les lignes, cela n'est pas forcément significatif pour Pascal Perrineau et Caroline de Haas. Pour cette dernière, l'accession de Marine Le Pen à la tête du FN est "une stratégie politique, rien qu'un vaste plan de communication pour rendre ce parti compatible avec les valeurs actuelles".

À l'approche des régionales, les thématiques féministes du FN n'ont été que tardivement abordées, via les récentes sorties de Marion Maréchal-Le Pen. Quand on interroge les jeunes femmes encartées au FN sur l'interruption volontaire de grossesse (IVG), toutes sont plutôt sur la ligne actuelle de Marine Le Pen. "Nous nous sommes battues pour obtenir l'IVG, il est hors de question de l'abroger mais il faut le réguler", lâche Julie Apicena. De son côté, Mathilde Androuet va plus loin: "Il faudrait développer l'information autour de ce sujet que l'on prend trop à la légère, rendre l'adoption plus facile, voire dérembourser certains IVG pour les femmes qui en abusent, à partir d'un certain nombre." Quand on lui pose la question, elle ne donne pourtant pas de chiffres.

Un constat "malheureux, inquiétant et paradoxal" pour Caroline de Haas, qui explique que remettre en cause l'avortement et être féministe n'est pas compatible. "L'IVG est une condition sine qua non à la liberté des femmes. Imaginez qu'on ne puisse plus avorter, cela aura des répercussions sur notre vie professionnelle et familiale." D'ailleurs, le terme "d'IVG de confort", brandi par le FN, fait bondir la féministe. L'expression, reprise par Louis Alliot et Marine Le Pen, avait créé la polémique en 2012, insinuant que l'IVG était aussi anodin que d'aller faire ses courses.

À propos du salaire "parental" ou "maternel", qui consisterait à verser 80% du SMIC à une femme décidant d'élever ses enfants chez elle, Mathilde Androuet, encartée depuis 2011 au FN, trouve que c'est tout à fait normal. "J'ai beaucoup d'amies surdiplômées qui souhaitent par choix rester chez elles plutôt que de donner de l'argent à des nourrices. Elles n'ont ni salaire, ni retraite quand elles choisissent ce style de vie, c'est aberrant!" Encore un point de désaccord avec Caroline de Haas. Cette mesure entraînerait, selon elle, "le retour des femmes au foyer et le développement d'une politique nataliste. En cas de crise économique, les hommes vont garder leur travail et les femmes vont rester à la maison car leur salaire restera un salaire d'appoint".

Cette rémunération parentale aurait inévitablement des répercussions sur la répartition des tâches ménagères. Sujet que Mathilde Androuet, qui vient de se marier, trouve ridicule. "Avoir une égalité parfaite au sein du foyer, ça n'a pas de sens. C'est l'équilibre qui compte. Il y a d'autres problèmes bien plus importants que les chiffres sur la répartition des tâches domestiques sortis le mois dernier et la couleur des jouets des enfants." Une hiérarchie du mal contre laquelle Caroline de Haas s'indigne: "Il faut prendre le problème à la racine, il y a peut-être un lien entre l'éducation des garçons et le nombre de viols en France. Si on arrêtait de donner des pistolets aux petits garçons, il y aurait peut-être moins de violences faites aux femmes."

Pour Pascal Perrineau, le décalage entre la médiatisation de ces questions et le programme du Front national est flagrant. Il estime que les positions politiques du FN sur le sujet sont encore "trop timides pour être claires" et que le féminisme n'a jamais été et n'est toujours pas une de leurs préoccupations principales. "Ils se mettent juste à jour pour ne pas être ringards."

Ce dimanche 6 décembre, les Français-e-s seront invité-e-s à voter pour le premier tour des élections régionales, dans les 13 nouvelles régions. Alors que des sondages donnent le Front National en tête des intentions de vote au premier tour dans 6 régions, Osez le féminisme ! donne 9 raisons de ne pas voter pour le FN :

1) Parce que le FN est contre le droit d'avorter : les récentes déclarations de Marion Maréchal Le Pen et Louis Aliot nous le prouvent. Quand ces têtes de liste FN affirment qu'ils couperont les subventions accordées aux plannings familiaux dans leurs régions s'ils sont élus (faisant fi du fait que l'attribution ou la non-attribution d'une subvention n'est pas le fait du prince, mais d'un processus démocratique de sélection de projets), c'est bien une attaque contre le droit fondamental des femmes à disposer de leur corps qu'ils opèrent.

2) Parce que quand Marine Le Pen affirme que non, le FN n'est pas contre le droit d'avorter (tentant ainsi de rectifier les propos de sa nièce), elle ment. Osez le féminisme ! n'oublie pas que c'est elle qui, lors des élections présidentielles de 2012, a théorisé le concept "d'avortement de confort", faisant passer les femmes qui avortent pour des irresponsables. C'est aussi elle qui porte un programme politique dans lequel il est question du "libre choix de ne pas avorter" à travers "l'adoption prénatale". Quand un parti politique pense l'avortement comme un problème auquel il faut remédier, c'est qu'il n'en fait pas un droit à part entière.

3) Parce que les deux député-e-s frontistes qui siègent à l'Assemblée nationale ont voté systématiquement contre tous les textes présentant des avancées pour les droits des femmes (loi pour l'abolition du système prostitutionnel, loi pour l'égalité réelle entre les femmes et les hommes, loi sur le harcèlement sexuel, loi santé qui comporte des mesures renforçant le droit d'avorter, résolution réaffirmant l'engagement de la France pour le droit d'avorter, etc.).

4) Parce que les eurodéputé-e-s FN qui siègent au Parlement européen ont voté systématiquement contre tous les rapports permettant des avancées pour les droits des femmes en Europe. Alors que tous les élu-e-s FN ont voté contre le "rapport Tarabella", le responsable de la délégation FN au parlement, Aymeric Chauperade, a même été jusqu'à qualifier l'avortement "d'arme de destruction massive contre la démographie européenne".

5) Parce que le FN est contre la parité en politique. Que propose le FN pour permettre aux femmes d'être davantage présentes en politique ? Rien. Bien au contraire, le FN prône une vision familialiste de la société, où les femmes sont invitées à avoir des enfants et à rester au foyer avec un "salaire parental". Là encore, il est question du "droit des femmes à rester chez elles"... pour permettre de réduire le chômage masculin. Dans son projet visible disponible sur Internet, le FN affirme que la parité appartient à «cette idéologie différentialiste et multiculturelle, qui n'est qu'une forme de racisme inversé». Ils ajoutent: «Les premières victimes en sont les hommes blancs hétérosexuels».

6) Parce que le FN ne "défend" les droits des femmes que quand cela lui permet de taper sur les personnes de confession (ou de supposée confession) musulmane. Ainsi, le FN se positionne contre le voile non pas pour défendre l'émancipation des femmes, mais bel et bien pour stigmatiser une partie de la population qui, selon les valeurs réactionnaires du FN, ne s'intègrerait pas bien. Les attaques réitérées contre les musulmans deviennent d'ailleurs l'axe de campagne principal de la dernière ligne de droite de Marine Le Pen.

7) Parce que le FN défend une laïcité à géométrie variable. Affirmant que les musulmans "ne peuvent avoir exactement le même rang" que les chrétiens ou encore que la France est "culturellement chrétienne", Marion Maréchal-Le Pen met en péril la laïcité. La laïcité est pourtant un outil indispensable pour penser et mettre en oeuvre l'égalité femmes-hommes dans la société. Elle ne doit pas être instrumentalisée pour stigmatiser des catégories de personnes.

8) Parce que le FN ne lutte pas contre les violences faites aux femmes. Pour le FN, les violences faites aux femmes sont le fait de "l'étranger". Nous savons pourtant qu'elles sont d'abord installées dans la sphère familiale. En niant les chiffres et les réalités de cet enjeu, le FN contribue à l'invisibilisation de ces violences.

9) Parce que les régions, par leurs compétences, peuvent agir concrètement pour les droits des femmes, si volonté politique il y a : lutte contre le harcèlement sexiste et sexuel dans les transports, financement de centres d'hébergements pour femmes victimes de violences, intervention dans les lycées sur l'éducation à la sexualité et le respect, financement des plannings familiaux et des associations qui oeuvrent pour l'égalité femmes-hommes, mise en oeuvre de politique d'insertion dans l'emploi pour les femmes précaires, développement d'un service public de proximité et de qualité, qui bénéficie à tout le monde, et surtout aux femmes, etc.

Le Front National n'a aucune volonté politique en matière d'égalité femmes-hommes si ce n'est celle de la combattre. Qu'il s'agisse de ses prises de position sur la soi-disante "théorie du genre", sur l'avortement ou sur la place des femmes dans la société, ce parti n'a cessé de nous prouver son opposition farouche aux droits des femmes. Il est donc important de lui barrer la route dans les urnes.

Alain Soral

Alain Soral a rejoint le Front national en 2005, et a fortement collaboré à la dernière campagne présidentielle de Jean-Marie Le Pen. Il a d'ailleurs écrit, avec Marine Le Pen, le discours de Valmy de 2007. Il a quitté le parti lorsque celui-ci a refusé de lui offrir la tête de liste pour les Européennes en Île-de-France.

Les liens entre le Front national et Alain Soral ne s'arrêtent pas là. Frédéric Chatillon, responsable de la communication du FN, et Philippe Péninque, conseiller spécial de Marine Le Pen, ont ainsi participé à la fondation d'Égalité et Réconciliation. Les deux anciens du GUD ont aussi organisé les voyages d'Alain Soral et de Dieudonné en Iran, au Liban et en Syrie.

Marc George, ancien du Front national et ancien numéro 2 d'Égalité et Réconciliation, affirme pour sa part avoir quitté Alain Soral parce que celui-ci s'est mis à soutenir Marine Le Pen, parlant même d'un pacte dans un entretien au journal pétainiste Rivarol.

Alors qu'Alain Soral avait écrit une tribune «Marine m'a tuer» lors de son départ du FN, parlant de «l'autoritarisme dû au manque d'autorité naturelle d'une personne, en réalité peu sure d'elle et pour qui l'exercice d'un pouvoir – qu'elle est inapte à exercer pour ne l'avoir pas conquis – consiste à couper des têtes pour ne s'entourer, au final, que de courtisans et d'imbéciles » qui expliquerait que « la « bande à Marine » – cet agglomérat de multi-transfuges, de marchands du Temple et de cage aux folles – a tout fait pour me barrer la route et me neutraliser depuis deux ans, et ce malgré la confiance et l'amitié que m'accordait le Président, le respect et la neutralité courtoise d'un Bruno Gollnisch », il a finalement par la suite publié un éloge de Marine Le Pen dans le magazine Flash.

Plusieurs cadres d'Égalité et Réconciliation ont par la suite été aperçus au défilé du 1er mai du Front national. Jean-Marie Le Pen et Bruno Gollnisch ont fait le signe de la quenelle, créé par Alain Soral et Dieudonné. Si Marine Le Pen a affirmé que « beaucoup de gens effectuent ce geste sans imaginer une demi-seconde qu'il y a une référence antisémite derrière », les deux cadres du Front national, qu'on imagine mieux informés, ont tous deux assumé ce geste par la suite, Bruno Gollnisch le reproduisant d'ailleurs durant un conseil régional. Marie d'Herbais de Thun, ex-femme de Frédéric Chatillon, attachée de presse au FN, responsable du journal de bord de Jean-Marie Le Pen et candidate aux législatives en 2012, a aussi assumé ce geste.

D'autres têtes de liste du Front national sont proches d'Alain Soral et de ses idées. Christian Bouchet, candidat FN à Nantes et figure historique de l'extrême-droite, en est certainement le plus proche. Lydia Schénardi, candidate à Menton, fait des lectures de textes d'Alain Soral. Robert Ménard, qui se présente à Béziers, serait un « ami ». Julien Rochedy, candidat lui à Montélimar, se dit lecteur d'Alain Soral. Jean-Christophe Gruau, candidat à Laval, reprend une formule du « pamphlétaire célèbre ». Sylviane Boulet, candidate à Cergy, a célébré « la quenelle chez les Papous ». François Ihuel, initialement candidat à Briançon, a aussi repris la quenelle à son compte. Christophe Gillet, qui se présente à Jarnac, a fait une quenelle pour dénoncer la dénonciation de la quenelle.

Brune Ciron, sur la liste FN de Nice, est aussi un admirateur d'Alain Soral. Plusieurs militants et colistiers FN ont effectué la quenelle, à Chambéry, à Saint-Quentin, à Mont-de-Marsan, en Seine-et-Marne, dans le Morbihan, ainsi qu'un ancien candidat FN aux législatives dans le Val d'Oise. Certaines fédérations du FN citent le site d'Alain Soral.

Rappelons qu'Alain Soral se définit comme « national-socialiste », qu'il est systématiquement adepte de la théorie du complot, notamment pour l'assassinat de trois enfants dans une école juive par Mohamed Merah qui résulterait « d'une opération conjointe franco-israélienne, dans le but de diaboliser les musulmans. C'est la version française, petit budget, des attentats du 11 septembre ! », qu'il affirme avoir « été massacré par les deux cliques qui tiennent ce milieu, les pédés et les juifs », qu'il dénonce le « mariage pour tous » comme « une machination maçonnique, satanique, antichrétienne », qu'il justifie sa quenelle devant le mémorial de la Shoah à Berlin en affirmant que « ce Mémorial n'a de toute façon été construit que pour humilier le peuple berlinois, la plus grande victime de la guerre. Et aujourd'hui, vous savez à quoi il sert, ce monument ? C'est l'endroit où les pédés se retrouvent pour s'enculer ! », qu'il pense qu'il que « la trahison et la solidarité sont au fondement » de la « culture » du sionisme et qu'il « y a peut-être des problèmes qui viennent de chez vous [les juifs, NDLR] », qu'il accuse Delanoë de pédophilie, et qu'il a sous-titré son dernier livre (Dialogues désaccordés) « Combat de Blancs dans un tunnel ».

L'argent...

Le 3 avril 2013, une vidéo mise en ligne sur le site Dailymotion, relatant une interview d'Alain Soral, au cours duquel ce dernier indique que la liste électorale du « parti anti-sioniste » dont le coût aurait été de trois millions d'euros, a été financé par l'Iran et qu'à défaut de la réception de ce financement, le parti n'aurait pu présenter de candidats aux élections: "Si on a pu faire la liste antisioniste qui a coûté 3 millions d'Euros, c'est parce qu'on a eu l'argent des iraniens. Il faut le dire, il fait être honnête. Si on ne l'avait pas eu, on n'aurait pas pu le faire, on n'a pas trois millions d'euros. Surtout qu'on les a perdus. Parce que pour être remboursé, il fallait faire 5% au minimum" explique à l'antenne Alain Soral.

Une ligne idéologique qui est aussi un business. En janvier dernier, la cour d'appel a rejeté l'appel visant l'interdiction, pour antisémitisme, d'un livre et la censure de quatre autres, tous édités par Alain Soral. Le tribunal de grande instance de Bobigny avait ordonné, en novembre 2013, le retrait de "L'Anthologie des propos contre les juifs, le judaïsme et le sionisme" de Paul-Eric Blanrue, publié par la maison d'édition Kontre Kulture, dont Alain Soral est le directeur de publication.

Le tribunal avait également ordonné le retrait de passages figurant dans quatre ouvrages du XIXe et du XXe siècle, republiés par Alain Soral, "La France juive" d'Edouard Drumont, "Le salut par les Juifs" de Léon Bloy, "Le juif international" d'Henry Ford et "La controverse de Sion" de Douglas Reed. Un véritable reader's digest de l'histoire de la littérature antisémite.

Stages commando

Le Parti socialiste est inquiet. C'est Alain Soral qui fait peur aux dirigeants du PS. Ils s'émeuvent après la parution d'un article dans le Canard Enchaîné publié mercredi 6 août qui évoque l'organisation de stages commando. "La nature belliqueuse des stages ne fait aucun doute. (...) Le PS appelle les pouvoirs publics à la plus grande vigilance", peut-on lire dans un communiqué.

Un petit tour sur le site Egalite et Réconciliation, tenu par Alain Soral permet d'en savoir plus. Une vidéo montre en effet ce que sont ces stages qui se déroulent régulièrement dans la forêt de Fontainebleau. Le prochain, organisé par l'organisation "Prenons le maquis" qui a pris la suite il y a quelques mois "d'Instincts de survie" est d'ailleurs annoncé pour la fin du mois d'août. C'est ce rassemblement qui est dans le collimateur du PS. "Cette formation est centrée sur la notion de citoyen responsable", peut-on lire sur le site où l'on apprend aussi qu'il faut débourser 200 euros pour un week-end. A première vue, les objectifs sont louables. "A l'issue de cette formation, le participant aura appris à administrer les premiers soins, gérer une situation de crise et adopter les réactions adaptées, améliorer sa situation personnelle et rétablir des liens sociaux avec son entourage", est-il mentionné.

Seulement en visionnant la vidéo d'un précédent stage, on s'aperçoit vite que l'on est loin de l'ambiance des camps de scouts. Il est certes question de feu de camp dans les bois et d'instruction pour apprendre les gestes de secours mais ces moment aussi l'occasion d'apprendre à se battre. Parfois à mains nues, dans des séances de self-défense mais aussi avec des couteaux. La scène la plus surréaliste est celle d'un homme qui riposte avec une arme à feu à un individu qui arrive dans son dos. Pour l'exercice, il s'agissait d'une balle à blanc. Pas sûr que ce soit toujours le cas si l'altercation devait survenir en pleine rue.

Poursuites judiciaires

Alain Soral et Dieudonné sont confrontés à de nombreuses poursuites judiciaires. Trois mois de prison avec sursis et 10.000 euros d'amende ont été requis à l'encontre de l'essayiste d'extrême droite, accusé d'incitation à "la haine, la discrimination ou la violence" à l'égard du journaliste Frédéric Haziza et de la communauté juive. Le tribunal a mis son jugement en délibéré au 21 novembre.

L'humoriste Dieudonné a lui été mis en examen cet été dans un dossier financier pour fraude fiscale, blanchiment et abus de biens sociaux. Et plusieurs procès se profilent encore. Dieudonné doit notamment être jugé le 26 novembre à Paris pour l'appel aux dons qu'il avait lancé sur internet pour payer ses condamnations pécuniaires, ce qu'interdit la loi.

Toujours à Paris, il est convoqué le 28 janvier 2015, pour provocation à la haine raciale après des propos sur le journaliste de France Inter, Patrick Cohen. "Quand je l'entends parler, Patrick Cohen, je me dis, tu vois, les chambres à gaz... Dommage", avait-il lancé lors de son spectacle "Le Mur", au théâtre de la Main d'Or à Paris.

Egalité & Réconciliation

4.231 personnes ont adhéré à Egalité & Réconciliation au cours de l'année 2014/2015 via Internet. Un document recense les souscriptions enregistrées sur le site web de l'association, entre le 1er mai 2014 et le 5 mai 2015. Ce chiffre de 4.231 adhérents ne prend pas en compte les inscriptions par chèque, voie postale ou réalisées de main à main pendant les conférences. Il est donc légèrement sous-évalué. Comparé aux 8.000 membres revendiqués d'un parti institutionnel comme Europe-Ecologie, il peut sembler important. Mais il est très loin du chiffre de 12.000 adhérents, régulièrement avancé dans les médias.

Il témoigne aussi des difficultés de l'association pour conquérir un nouveau public. En effet, ils étaient déjà 4.235 membres en 2013, d'après un compte-rendu d'assemblée générale. Et si quelques noms de personnalités de l'extrême droite figurent dans la liste des premiers adhérents comme celui de David Rachline, le sénateur-maire Front National de Fréjus, tous ont aujourd'hui déserté l'association.

Les adhésions restent néanmoins une source de revenus importante pour Egalité & Réconciliation. Toujours d'après le même document, elles ont rapporté au moins 137.736 euros à l'association du 1er mai 2014 au 5 mai 2015, le ticket d'entrée oscillant entre 20 et 50 euros. A ce chiffre d'affaire, il faut ajouter 15.946 euros de dons. Quant aux revenus des vidéos payantes sur Dailymotion, ils ont rapporté 15.538 euros en août 2014 et 12.256 euros sur les 5 premiers jours de septembre de la même année, indique Stéphane Condillac, le monsieur web d'E&R. En effet depuis juillet 2014, Alain Soral fait payer entre 2 et 3 euros le visionnage de ses grands entretiens mensuels.

Cet argent sert en partie à payer les auto-entrepreneurs qui alimentent le site d'Egalité & Réconciliation. Plusieurs documents détaillent les tarifs pratiqués : 5 centimes par commentaire modéré, 250 euros par revue de presse mensuelle ou encore 2,5 euros pour 1.500 signes édités. De quoi attirer des dizaines de « dissidents » en quête d'un petit job d'appoint.

Culture pour tous

Cette holding présidée par Soral exploite des marques dans le secteur de l'édition, du bio et du survivalisme. Un relevé bancaire de ses comptes, montre qu'elle a généré 163.034 euros, rien qu'au mois de mars 2015. C'est peu ou prou la même somme qu'au mois d'octobre 2014.

Depuis le livre Le système Soral on savait que Philippe Péninque, un des hommes d'affaires qui conseillent Marine Le Pen, s'était porté caution pour l'un des appartements d'Alain Soral. On apprend aujourd'hui qu'une société de son associé Frédéric Chatillon, également intime du clan Le Pen, organise les déplacements du staff d'Egalité & Réconciliation. Et Soral se fait plaisir. Quand il se rend à Lyon le 26 mai 2014 pour donner une conférence intitulée « Les Juifs et les autres », il insiste pour passer la nuit dans un 5 étoiles, « soit le Royal, soit la Cour des loges ». Si son garde du corps se contente de la chambre standard, lui demande la taille au-dessus. Soral passera la nuit dans une suite de 40m2, avec vue sur la place Bellecour, chambre et salon séparés et même... 2 téléviseurs LCD ! Pas mal pour l'autoproclamé dissident « antisystème ».

C'est la société Dreamwell qui a payé la note de 459 euros, comme l'attestent les vouchers émis par l'hôtel. Il faut y ajouter deux billets de train aller/retour en 1ère classe entre Lyon et Paris pour près de 600 euros. Soral précise à son équipe qu'il s'agit de l'agence avec qu'ils travailleront désormais pour « TOUS [leurs] déplacements ».

Dreamwell est au cœur de « la Gud connection », du nom de ce groupuscule nationaliste qui faisait le coup de poing sur les campus dans les années 1990 et dont les ex-membres s'occupent aujourd'hui des finances du Front National. Cette SAS est en effet détenue à 55% par la société Riwal, présidée par Frédéric Chatillon, ancien boss du Gud et principal prestataire du FN pour sa communication. Quant à Olivier Duguet, gérant-fondateur de Dreamwell qui a rendu ses parts en 2014 et également «gudard», il a été trésorier du micro-parti lepéniste Jeanne de 2010 à 2012, comme le révélait Mediapart. Depuis janvier 2015, ces deux proches de Marine Le Pen sont mis en examen pour financement illégal de parti politique dans l'affaire des kits de campagnes du FN.

Dieudonné

Plusieurs cadres du FN ont été vus aux spectacles de Dieudonné, notamment lorsque celui-ci a fait monter le négationniste Faurisson sur scène. Des formations pour les militants FN ont aussi été organisées à la Main d'Or, le théâtre de Dieudonné. Jean-Marie Le Pen est par ailleurs le parrain du quatrième fils de Dieudonné.

Alors que Dieudonné continue de faire parler de lui, ce sont cette fois ses liens avec l'Iran qui refont surface. Filmé lors des vœux de François Hollande aux autorités religieuses, Manuel Valls déclare au président du Conseil français du culte musulman, Dalil Boubakeur, que l'humoriste controversé est «financé par l'Iran». Une assertion confirmée à l'image par le recteur de la Grande mosquée de Paris. «Bien sûr», rétorque-t-il au ministre de l'Intérieur et des Cultes. Sans qu'aucun des deux toutefois n'étaye son propos par des faits précis.

S'il est impossible d'affirmer que le polémiste est aidé financièrement par la République islamique, des liens existent entre eux depuis au moins 2009. Le 21 novembre de cette année-là, Dieudonné M'Bala M'Bala avait effectué une visite en Iran, au cours de laquelle il avait rencontré le président de l'époque, Mahmoud Ahmadinejad, connu pour ses positions anti-Israël. L'entretien, qui avait duré une heure, s'était déroulé de manière «détendu(e) et amical(e)», selon le Parti anti-sioniste, sous les couleurs duquel l'ex-partenaire d'Elie Semoun s'était présenté quelques mois plus tôt aux élections européennes. Les deux hommes avaient abordé de «nombreux sujets, dont, entre autres, le sionisme». L'année suivante, Dieudonné mettra d'ailleurs en scène son amitié avec le chef de l'État iranien - une «guide pour (lui)» - dans son spectacle intitulé Mahmoud.

Au cours de ce même séjour, Dieudonné s'était également exprimé au cours d'une conférence sur le cinéma organisée au ministère de la Culture iranien. Dans une interview au quotidien pro-gouvernemental Tehran Times réalisée à cette occasion, il se plaignait de l'impossibilité d'aborder le thème de l'holocauste en France. Il y déplorait aussi l'annulation de 200 de ses spectacles à cause, selon lui, du lobby sioniste. Une visite qui a permis à Dieudonné de se voir ouvrir les portes des chaines de télévisions iraniennes à plusieurs reprises.

Au cours de l'année 2011, le rapprochement de Dieudonné et de la République islamique prend une tournure financière. Le Français réalise son premier long-métrage, L'Antisémite, qu'il coproduit avec une société iranienne. Le film, qui n'est pas diffusé en salles mais commercialisé sur internet pour ses seuls «abonnés», est présenté le 15 janvier 2012 en avant-première au théâtre de la Main d'or. L'humoriste y interprète le rôle principal: un homme alcoolique et violent, déguisé en officier nazi pour un bal costumé. Le négationniste Robert Faurisson y joue également pendant quelques minutes son propre rôle, tandis que la Shoah y est personnifiée en sainte.

Dieudonné est déjà la cible d'une enquête ordonnée par le parquet de Chartres depuis un an pour «blanchiment», «organisation d'insolvabilité» et «fraude fiscale». Selon Le Monde, il aurait envoyé plus de 400.000 euros au Cameroun depuis 2009, dont 230.000 euros pour la seule année 2013.

Yahia Gouasmi

Dieudonné s'est rendu en Iran afin de récolter des fonds pour lutter contre le sionisme. Dieudonné a tenté de libérer Clotilde Reiss, l'étudiante de science po Lille. L'humoriste controversé est devenu le porte voix des anti-sionistes. La tête de gondole. Dans son sillage, on voit revenir sans cesse un nom: Yahia Gouasmi. L'homme qui l'a accompagné en Iran. L'homme qui a vraisemblablement permis la rencontre avec le président Ahmadinejad. Plus discret qu'un Dieudonné, ce

Nordiste, responsable du centre Zahra à Grande-Synthe (Dunkerque) bénéficie, semble-t-il, de vastes réseaux.

En Mai 2009, Dieudonné est en plein meeting lorsqu'il reçoit un coup de fil de Carlos. Depuis sa cellule de Poissy, le terroriste vénézuélien apporte son soutien à la tête de liste anti-sioniste. Gros coup de pub pour le Parti à quelques jours des européennes. Comment l'humoriste peut-il être en contact avec le terroriste du début des années 90 ? La réponse est peut-être à chercher dans son sillage. Yahia Gouasmi. Depuis le début de l'année, le nom revient systématiquement aux côtés de Dieudonné. Désigné, parfois, comme le financeur de la campagne des européennes.

Des interventions à la télévision iranienne, des interviews afin de promouvoir le mouvement anti-sioniste, des prises de positions virulentes. Et toujours ce même champ lexical où les mots sont pesés avant d'être posés. Où l'on veille à ne pas être taxé d'antisémitisme. Officiellement, président du centre Zahra, responsable de la fédération chiite de France (parfois soupçonnée de vouloir importer le conflit du Moyen-Orient dans la société française), fondateur du Parti anti-sioniste (3e position sur la liste aux dernières élections européennes) et de l'observatoire anti-sioniste. Un homme clé de cette mouvance anti-sioniste en France. La soixantaine enrobée, une allure de patriarche, un visage apaisant, le verbe réfléchi.

Le Centre Zahra

Né en Algérie, de nationalité française, Yahia Gouasmi vit à Grande Synthe depuis de plus de 20 ans. Grande Synthe, une adresse commune pour le centre Zahra et son émanation politique le Parti anti-sioniste (PAS). Pour en savoir davantage, direction son site internet. La page d'accueil s'ouvre sur une musique orientale envoûtante. Elle indique sobrement qu'il s'agit d'une association loi 1901 dont le but « est de faire connaître le message de l'Islam à travers le regard du Prophète et de sa famille ; de les faire connaître, de traduire leurs pensées et de témoigner de leurs œuvres ». Pas d'autre précision. Il y a quelques mois encore, on apprenait que cette association créée en 2005 comptait une centaine de membres, demeurait en construction et fermée au public...

Installé dans un ancien corps de ferme restauré, en retrait de la route, le centre se revendique comme un lieu de spiritualité proposant séminaires, conférences. Accueillant les adultes comme les jeunes enfants. Une association discrète dans le dunkerquois mais très active sur le net au travers de ses nombreuses vidéos diffusée sur sa chaîne Dailymotion.

Le site et ses nombreuses vidéos renseignent aussi sur les amitiés entretenues par l'association. Amitiés pour le moins sulfureuses. Au-delà de Dieudonné ou d'Alain Soral, on y trouve par exemple, Kémi Séba, chef de file des Damnés de l'impérialisme, dont le premier mouvement – la Tribu Ka – avait été dissous en 2006 pour incitation à la haine raciale et antisémitisme. D'autres noms interpellent aussi. Comme le père Michel Lelong, soutien du négationniste Roger Garaudy et favorable à la diffusion en France de la chaîne libanaise Al-Manar financée notamment par le Hezbollah ; une chaîne placée dans la liste des organisations terroristes par les Etats-Unis. On trouve encore des soutiens au Hezbollah. Ou des liens avec le Parti solidaire français, formation nationaliste « d'aspiration socialiste », dont un cadre figurait sur la liste emmenée par Dieudonné aux européennes de juin. On citera encore le nom d'Ahmed Moualek, responsable du site « La Banlieue s'exprime », rappelé à l'ordre cet été par la Licra (Ligue internationale contre le racisme et l'antisémitisme). Mais on voit se dessiner un réseau dans lequel gravitent groupuscules d'extrême droite, négationnistes, révisionnistes et anti-sionistes. Un réseau dans lequel il paraît toutefois hasardeux de préciser le rôle joué par le centre Zahra et son charismatique responsable.

On trouve peu de renseignements sur ce Franco-algérien âgé de 60 ans. Avec deux autres hommes, Yahia Gouasmi est soupçonné d'être impliqué dans un attentat manqué contre un journaliste iranien opposant au régime islamiste à Londres en 1984. Il demeurera un mois à la prison de Loos-lez-Lille au secret, avant d'être remis en liberté faute d'éléments probants. Pas de conclusion hâtive, mais cela invite à en savoir davantage sur ce boucher halal dunkerquois.

Proche de Téhéran

Le boucher halal, qui rêvait de faire fortune en commerçant avec le monde arabe, n'a jamais fait mystère de son attachement à l'Iran et à l'imam Khomeiny. Et les vidéos largement diffusées sur le net en attestent aujourd'hui encore. Militant d'une République islamique au Maghreb, il entretient déjà de vastes réseaux.

Nul hasard au fait que Dieudonné, qui s'y est rendu plusieurs fois, présente le régime des ayatollahs comme l'espace de liberté par excellence, dont profitent des célébrités comme Robert Faurisson (pilier du négationnisme, condamné par les tribunaux français) et bien d'autres.

Frédéric Chatillon

Frédéric Chatillon, 44 ans. Ancien patron du Groupe union défense (GUD), phalange estudiantine encline à singer les rituels néonazis, ce colosse gominé, air rogue et veste de cuir, apparaît notamment en octobre 2011 en marge d'un meeting pro-Bachar ponctué de saluts hitlériens. Lui a fondé dès 1995 la société Riwal, "agence spécialisée dans le conseil en communication, la création graphique et l'événementiel", matrice flanquée treize ans plus tard d'une filiale baptisée Riwal Syria, censée œuvrer à la "promotion des sociétés privées et des institutions publiques syriennes en France". A commencer par le ministère du Tourisme, client généreux.

Frédéric Chatillon, proche de Marine Le Pen et l'un des principaux prestataires de services du FN et de sa présidente depuis 2011, a fait l'objet d'une enquête de la brigade financière à la suite d'un signalement de Tracfin, le service antiblanchiment de Bercy.

Ces investigations ont été closes par le parquet, sans donner lieu à des poursuites judiciaires. Les enquêteurs se seraient surtout penchés sur les virements effectués par l'ambassade de Syrie à Paris au bénéfice de Riwal, la société de M. Chatillon. Ils se seraient aussi intéressés à la galaxie Riwal, un ensemble de sociétés gérées par d'anciens membres du GUD, groupuscule étudiant d'extrême droite.

Fervent supporter du Hezbollah, M. Chatillon a, de longue date, des amitiés solides et haut placées à Damas. Cela a permis à sa société de réaliser une campagne pour le ministère syrien du tourisme. A l'époque, un car siglé avait traversé les rues de Paris quinze jours durant, agrémenté du slogan: "Syrie, une nouvelle aire". La promotion de ce pays avait été assurée, quelque temps auparavant, par un numéro spécial du magazine gratuit Cigale, édité par une société satellite de Riwal, et par une grande soirée organisée au Club de l'Etoile, discothèque parisienne.

En juin 2011, M. Chatillon lance Infosyrie, site Internet qui se veut un "organe de ré-information" au profit du régime syrien. Ami de Mustafa Tlass, ancien ministre de la défense d'Hafez Al-Assad, M. Chatillon l'a été aussi de son fils Manaf, ami de Bachar Al-Assad et général de la garde présidentielle, qui vient de faire défection. Cette nouvelle saluée en ces termes, le 6 juillet, par

Infosyrie: "Manaf Tlass commet quand même une désertion devant l'ennemi, lui le général: il trahit non seulement Bachar mais les hommes qu'il a commandés, dont certains sont morts et dont d'autres mourront encore au combat."

M. Chatillon laisse entendre que les investigations menées l'ont été pour des raisons politiques, avec Marine Le Pen en ligne de mire. "Je ne sais si c'est Sarkozy ou l'Etat français, mais, en tout cas, c'est politique. (...) A cause du bruit autour de la campagne de Marine, ils ont cherché des trucs", affirme-t-il.

"Je n'ai jamais été inquiète, assure, pour sa part, Mme Le Pen. La preuve: il n'y a pas eu de débouchés judiciaires". Elle dit, à son tour, avoir été prévenue en juillet 2011, par M. Chatillon, du signalement Tracfin. Candidate à la présidentielle, Mme Le Pen a toujours pris soin de présenter M. Chatillon comme un simple fournisseur.

Pour autant, dès son arrivée à la tête du FN, elle confiait à ce dernier et à ses proches des missions stratégiques. C'est le cas d'Olivier Duguet, trésorier de Jeanne, le micro-parti de Mme Le Pen, créé fin 2010. Ancien du GUD, où il jouait les hommes de main de M. Chatillon, il était, avec ce dernier, dans les premiers rangs de la manifestation parisienne de soutien à Bachar Al-Assad, en octobre 2011. On a pu l'apercevoir également à la soirée électorale du FN après le premier tour de l'élection présidentielle.

M. Duguet gère, entre autres, Dreamwell, la filiale publicitaire de Riwal. Figure aussi, à la présidence de Jeanne, l'épouse du bras droit de M. Chatillon à Riwal. "C'est moi qui les ai nommés", confirme Mm eLe Pen, qui indique que Jeanne "va se rapprocher du FN". Dans un avenir proche, cette structure sortira de son univers parallèle pour être pilotée par "des cadres dirigeants du FN".

La maison Chatillon doit pour l'essentiel sa bonne fortune au parrainage des Tlass, dynastie baasiste autrefois très en cour et prompte à financer l'impression d'affiches et d'ouvrages révisionnistes. Sunnite, le père Mustapha fut ministre de la Défense; quant au fils Manaf, général placé à la tête d'une unité d'élite, il a fait défection. "Trahison d'enfant gâté" instantanément fustigée par le site Infosyrie.fr, autre planète de la galaxie Chatillon, domiciliée elle aussi rue Vineuse, dans le XVIe arrondissement. Cette "agence de ré-information" s'emploie, comme son nom l'indique, à corriger les ravages d'une couverture mensongère de la tragédie syrienne.

Philippe de Villiers

Lorsque son frère aîné l'emmenait dans sa chambre et le violait, raconte Laurent de Villiers, il lui demandait d'emporter avec lui ses jouets. Un parterre de GI Joe au pied du lit, pour servir d'alibi au cas où un adulte approcherait.

C'est un détail parmi d'autres, sordides et terrifiants, qui tissent le fil d'un dossier d'inceste présumé. Un dossier tristement banal, à ceci près qu'avec ses nombreux témoignages, expertises psychiatriques, preuves écrites et enregistrées, il semble parmi les plus solides et étayés que la justice puisse avoir à examiner.

On a rarement vu pourtant un plaignant affronter autant d'obstacles, de pressions. Car le dossier a une autre particularité, qui visiblement n'est pas neutre. Laurent, 26 ans et Guillaume, 33 ans, respectivement victime et agresseur présumés, sont les fils de l'homme politique Philippe de Villiers, fondateur du Mouvement pour la France.

Laurent de Villiers a un nom de famille connu, mais il n'a plus de famille. Il a une mère qui le traite «de fou», et lui raccroche au nez. Un père qui organise une conférence de presse pour dire que son fils ment. Et s'érige à sa place en victime... «d'une manipulation ignominieuse». Il n'a plus de frères, plus de sœurs, qui tous le traitent de «malade» devant la police. Il n'y a que lorsqu'on leur demande de le jurer, que ces catholiques ultra-pratiquants changent de sujet.

Laurent de Villiers a porté plainte pour viol contre son frère il y a quatre ans. Le parquet, fait rare, a requis un non-lieu. Le juge d'instruction a néanmoins décidé d'un renvoi devant les assises. Le parquet et Guillaume de Villiers ont fait appel. «*Nous ne croyons pas en la justice des hommes, dit Nicolas de Villiers, le troisième garçon de la fratrie, dans une conversation de janvier 2008 que Laurent a enregistré à son insu. C'est une affaire réelle qui s'est vraiment passée. On la prend des mains du juge et on la ramène dans notre famille.*»

Au téléphone depuis le Nebraska (centre des Etats-Unis), où il s'est «exilé» avec sa femme Renée et leur fille Grace, 2 ans, Laurent de Villiers accepte de raconter, une fois encore, «cette culture très fermée, très protégée, un peu "clan des Siciliens"», qui fut celle de son enfance. Qui, dit-il, a sans doute «favorisé» l'inceste dont il se dit victime. Et en tout cas, le silence.

Le dimanche midi, aux Herbiers, en Vendée, autour de la grande table à manger, les 7 enfants Villiers (3 garçons, 4 filles), se taisent et écoutent le père, absent le reste de la semaine. «*Ma mère faisait le gendarme, il n'y avait pas matière, mais c'était sa façon à elle d'essayer de se mettre en valeur aux yeux de mon père. Mon père lui racontait ses faits d'armes.*» Curés et bonnes sœurs sont là, certains quasiment à demeure. La religion, la culpabilité qu'elle entraîne à tout propos sont omniprésentes.

C'est dans ce contexte que Laurent, 8 ans, surprend Guillaume, son aîné de six ans, se masturbant devant un film pornographique. Débutent alors caresses et jeux sexuels initiatiques. «*Au départ je trouvais cela amusant, je découvrais mon corps*», dit Laurent. Les faits s'aggravent, dit Laurent, «courant 1995-1996» : fellations réciproques, puis sodomies. «*Il n'y avait pas de mots, c'était une espèce de système de pantin, ça durait un quart d'heure, il ne parlait pas, je ne parlais pas.*»

En 1997, Guillaume quitte la maison familiale. «Libéré», Laurent pense qu'il va pouvoir vivre «en oubliant tout». Mais les cauchemars, les nausées quand

Guillaume apparaît, la «peur» sont toujours là. En 2000, Laurent se confie à sa mère. «Elle m'a répondu qu'elle savait déjà, que Guillaume lui avait parlé. Elle m'a dit : "Il faut que tu pardonnes et te purifies." J'étais contaminé et il fallait éviter que je contamine d'autres membres de la famille, que le violé devienne violeur.»

Dans un mail envoyé à Laurent, daté du 2 septembre 2006, Guillaume dit avoir été lui aussi victime. «J'ai bien également subi les gestes d'un garçon.» Par ce long message, l'aîné explique à son petit frère qu'il s'est «pardonné» à lui-même le mal qu'il lui a infligé, et qu'il regarde maintenant «ces fautes graves, si graves [...] avec sérénité.» Il insiste : «Ce que tu as subi par moi est grave. [...] Lorsqu'un jour les parents ont su, j'étais réduit à l'acceptation totale de l'humiliation absolue.» Pour ensuite mieux banaliser : «Ma plus dure pénitence [...] est de savoir que jamais je ne ressemblerai aux modèles qui avaient bercé mes mythes adolescents. [...] Imagines Chrestien de Troyes avec un héros incestueux et obscène.» Le mail est signé «UDP», trois lettres qui signifient «Union de prière». Elles remplacent les «je t'embrasse» dans les correspondances entre les enfants Villiers. Comme la poignée de main remplace les baisers.
Lorsque Laurent se décide à porter plainte, le 30 octobre 2006, il a ce mail en mains. Auparavant, il a encore essayé de parler avec sa mère, son père. «Mon père m'a répondu : c'est entre toi et ton frère, cela ne me regarde pas.» Son «directeur de conscience», le prêtre qui le confesse, don Louis Hervé, lui a dit, lui aussi, de «pardonner». En cinq ans, Laurent est envoyé vingt fois en «retraite spirituelle» par sa famille pour «laver son âme». Clou de la méthode : un stage d'«agapé thérapie» ou thérapie par le pardon, en 2006. Le principe : «On écrit sur des papiers tout le mal qu'on nous a fait. Puis on brûle les papiers en disant "je te pardonne"», raconte Laurent. «Il n'y a que des gens traumatisés, envoyés par leurs familles, c'est-à-dire le plus souvent par ceux-là même qui leur ont fait subir des choses très graves. C'est incroyable que cela soit légal de faire ça.»

Quatre jours après la mise en examen de Guillaume pour «viols», Philippe de Villiers organise, le 21 novembre 2006, une conférence de presse pour dénoncer une «machination politique». Son fils Guillaume est «au-dessus de tout soupçon», martèle-t-il. Alexandre Varaut, avocat de Philippe et Guillaume de Villiers, décrit Laurent comme «un garçon notoirement mythomane».

Malgré ces pressions, Laurent ne se démonte pas. Les experts psychiatres, dont le réputé très sceptique Paul Bensussan, le jugent crédible. Il rencontre des journalistes, enregistre plusieurs interviews... tous annulés. Comme la parution de son livre autobiographique, déprogrammée au dernier moment par l'éditeur Michel Lafon. Au printemps 2007, Laurent finit par craquer. Accepte de retirer sa plainte contre une reconnaissance familiale de son statut de victime. Une «cérémonie» où Guillaume, à genoux, en larmes, implore son pardon, est organisée en Vendée. Laurent écrit une lettre au juge pour dire qu'il se désiste. Mais Philippe de Villiers réclame plus. Il veut que Laurent dise qu'il a menti. «J'ai hésité. Je venais de retrouver mon père, la personne la plus importante pour moi. Finalement, je n'ai pas pu.» En février 2008, Laurent renouvelle sa plainte.

Dans le clan Villiers, où deux sœurs vivent «cloîtrées» dans un couvent, que leurs vœux leur interdisent de quitter mêmes pour les fêtes familiales, tout le monde se tait désormais. Alexandre Varaut, l'avocat de Guillaume, rappelle la présomption d'innocence. Jean-Marc Fedida, l'avocat de Laurent, dit juste qu'il a la «conviction chevillée au corps» que la douleur de son client «est authentique». Laurent de Villiers, encore une fois seul à parler, dit que si la justice refuse de l'entendre, il changera de nom de famille.

Tais-toi et pardonne

Dans son livre, « Tais-toi et pardonne », Laurent raconte ses dix ans et les samedis après-midi passés dans la chambre de Guillaume. "*Nous entrons dans la chambre, il est doux, me dit qu'il va m'expliquer plein de choses indispensables, très importantes. Comme le sexe (...). Je ne comprends pas grand-chose (...). Il me dit que nous jouons, mais qu'il ne faut pas en parler.*" Les petits jeux sexuels deviennent de plus en plus violents. Pendant des années, l'enfant devenu adolescent se mure dans le silence, emprisonné par la "domination psychologique" exercée par l'aîné. Bien des années plus tard, il décide d'en parler à sa mère qui lui répond, résignée : "*Ça arrive dans toutes les familles.*" Quant à son père, il botte en touche : "*Cette histoire ne me regarde pas. C'est votre problème.*" C'est son épouse, rencontrée aux États-Unis, qui le pousse à saisir la justice.

On va jouer

1994 [Laurent a 10 ans]. La maison est calme. Nous sommes samedi après-midi et tout le monde vaque à ses occupations. [Mon frère] pousse la porte du pied et entre, parle de mes GI Joe. Me demande de le suivre, on va jouer... Il a des choses à me raconter... Pour une fois qu'il est gentil, je le suis. Nous entrons dans sa chambre. Il est doux. Si différent. Me dit qu'il va m'expliquer plein de choses indispensables, très importantes. Comme le sexe. [...] Il me dit que je suis son petit frère, qu'il m'aime. [...] Il me dit que nous sommes pareils, que nous avons le même problème, que nous sommes pervers, obsédés par le péché de chair... Je ne comprends pas grand-chose. Je trouve juste qu'il est gentil, pour une fois. [...] Il me dit que nous " jouons ", mais qu'il ne faut pas en parler. [...] Souvent, j'arrive à table en pleurs d'avoir croisé mon frère quelques instants auparavant. Alors maman me demande ce que j'ai et je n'ose pas lever les yeux. Il guette. " Rien, rien... Je suis tombé dans les escaliers. " Guillaume me fait peur. Il m'a toujours fait peur. Lui n'a peur de rien. Maman m'aide à ne rien dire. Quand elle remarque des bleus, elle hausse les épaules. " Ah, mais tu ne peux pas faire attention ! " ou " C'est le petit Jésus qui t'a puni. " Puni de quoi?

Le courriel de l'aîné

Le 2 septembre 2006, Guillaume de Villiers a envoyé un long courriel à son frère Laurent, que ce dernier publie dans son livre. Une lettre dans laquelle il reconnaît la gravité de ce qu'a subi son benjamin. Il dit affronter et assumer sereinement les faits - sans en préciser la teneur - et raconte avoir été mis sur la voie de la guérison grâce son mariage. Il se réjouit de s'être pardonné à lui-même, admettant que le pardon soit plus difficile dans le cas de son frère, puisqu'il ne peut lui fournir aucune explication à ses agissements.

Sexe interdit

Je suis en seconde lorsque maman, au cours d'une fouille en règle de ma chambre, tombe sur l'un de mes cahiers. Cahier un peu particulier puisque j'y ai collé des photos de femmes en sous-vêtements découpées dans un catalogue La Redoute. [...] Le soir même, alors que nous sommes à table, mon père se lève, jette mon cahier devant moi et me demande de quoi il s'agit. J'ai honte, je sais qu'il n'y a rien à répondre, je baisse la tête en silence. [...] Je me sens si mal, si sale, si anormal. [...] Je subis une étroite surveillance jalonnée d'interdits. Interdit de télévision, cet instrument corrosif et diabolique. Interdit de musique, cette complainte malsaine qui " rend dépressif ". Interdit de sorties. Interdit de Walkman. Interdit d'ordinateur. Interdit de films. Interdit d'argent de poche. Interdit de petites copines.

En finir

Je suis calme, le fusil entre mes mains. Je sais ce qu'il me reste à faire. Je regarde le papier sur lequel j'ai griffonné à l'intention de papa, maman, mes frères et soeurs, un seul mot : Pourquoi ? J'enlève la sécurité. J'arme. Je positionne le canon du fusil face à mon visage, entre mes yeux. Ça devrait être rapide. Je pose mon doigt sur la détente. J'inspire avant le grand saut. J'expire, prêt à tirer. Mais dans le silence absolu de la maison, une sonnerie retentit. Mon portable. Je pensais l'avoir éteint. Le nom de Benoît apparaît sur l'écran illuminé. Mécaniquement, je décroche. [...] Merci Benoît.

Pater familias

Et toi, papa, qui savais mais qui esquive. Combien de fois ai-je essayé de te parler et combien de fois as-tu détourné le regard ? Cet été encore, alors que nous ne nous sommes pas vus depuis huit mois, alors que tu ne m'as pas passé un seul coup de fil outre-Atlantique, j'ose frapper à la porte de ton bureau. Tu m'accueilles, les bras grands ouverts, affichant ce large sourire qui me réconforte, que je prends pour un signe, une invitation à enfin entamer la conversation toujours repoussée à plus tard. J'ose m'asseoir face à toi, le bureau entre nous. " Papa, il faut que je te parle... de Guillaume... " Tu te lèves, fermes la porte et les fenêtres. Tu te rassois, me regardes. Enfin... " Maman t'en a parlé. " Tu acquiesces et, pour la première fois, j'entends : " Raconte-moi. " Je prends ma respiration. " Voilà, papa... " Une sonnerie résonne. Ton portable. Sans te troubler, tu décroches et commences ta conversation. Au bout de quelques instants, tu me regardes, poses ta main sur ton portable et me dis de revenir dans une demi-heure. Une invitation à quitter les lieux. Je m'exécute. La France ne peut pas attendre. Moi, si. Loin de me décourager, une demi-heure plus tard, je suis à nouveau dans ta pièce. Je n'ai pas le temps de m'asseoir. Tu coupes court en me lâchant, presque sur le ton de la confidence : " J'ai réfléchi. Cette histoire ne me regarde pas. C'est votre problème. "

La plainte

30 octobre 2006. J'ai honte. Je me sens coupable de porter plainte, d'être obligé de porter plainte. Je porte en moi la honte tenace d'avoir été souillé, sali. La honte, aussi, de ne pas avoir pu ni su me défendre, de ne pas avoir su ni pu l'empêcher. Dix ans après, j'en suis encore l'acteur, puisque assis sur une chaise à raconter à l'inspectrice ce que j'ai subi. Et je dois répondre, encore et toujours, à la question que je ne cesse de me poser : " Pourquoi vous n'avez rien fait ? " Pourquoi ?... Parce que j'avais 10 ans, parce qu'il en avait 16... Parce que je n'avais ni la maturité intellectuelle ni la force physique. Des mots et une masse informe de culpabilité.

On efface tout

Le 31 mai 2007, je rencontre Philippe de Villiers, déguisé en papa pour l'occasion. [...] A cet instant précis, le piège se referme. Je suis pris dans les filets de mon amour filial. [...] Je lui raconte le plus honnêtement du monde les raisons de mon action. Il m'écoute. Il me regarde. Il me laisse parler. Il opine de la tête. Lorsque j'ai fini, après un long silence, il se lance à son tour, me suppliant de lui donner mon pardon. Il m'offre ce que je rêvais d'entendre depuis des mois, des années : " Laurent, je vais m'occuper de toi. J'arrête la politique. C'est fini, tu n'as plus besoin de te battre. A partir d'aujourd'hui, je vais te défendre. Il faut trouver une solution pour qu'on s'entende à nouveau. On peut sauver cette famille, toi et moi. " [...] Papa me jure que nous allons tout régler ensemble. Que je dois lui faire confiance, qu'il me protégera. [...] Il me demande de retirer ma plainte. [...] Alors que je me remets à peine de notre discussion, il passe discrètement un coup de téléphone à son avocat. Une heure plus tard, une lettre tapée à la machine arrive à son appartement. Mon père m'assoit à sa table, me donne un stylo, du papier et me demande avec une infinie douceur de recopier la lettre de son juriste. Je ne me pose pas la question de savoir quand cette lettre a été préparée. Je recopie et signe.

L'accalmie

Du siège arrière de la berline, je prends une seconde avant de sortir pour regarder les miens qui m'attendent, agglutinés les uns aux autres dans la cour, chacun se cachant derrière l'autre. Au milieu des enfants, je devine la présence de ma mère. Elle n'est plus que le reflet d'elle-même. Dans ce brouillard de rancoeur, Guillaume arrive. Il est très maigre [...] A ma vue, il tombe à genoux et me supplie de le pardonner. [Il] me prend à part. Nous faisons quelques pas, puis il s'écroule à nouveau dans un souffle: "Tu n'étais qu'un petit garçon, comment ai-je pu?"

Le coup de fil

[en septembre 2007, Laurent de Villiers vit aux Etats-Unis. Le juge poursuit son enquête, malgré trois lettres de rétractation, et veut l'entendre. Philippe de Villiers appelle son fils.]

" Il faut que tu expliques au juge que tu as menti pour me faire du tort. Il te croira, puisque c'est ce que mon avocat lui a expliqué.

- Tu veux dire que pendant tout ce temps-là, vous avez raconté au juge que ce n'était pas vrai ?

- Il faut bien qu'on dise quelque chose. De toute façon, c'est la seule manière de clore le dossier.

- Mais papa, je ne comprends pas. On n'a jamais convenu de ça lors de la réconciliation ? "

Mon père se met alors à hurler : " Tu veux que ton frère aille en prison ? Hein, c'est ça ? Tu veux le voir derrière des barreaux ? Il va se suicider, ton frère, et tu l'auras sur la conscience! "

Jusqu'au bout

Nous sommes en novembre 2008. Depuis la reconstitution de la partie civile, ma famille s'est réorganisée et a inventé une tout autre version des faits. Ainsi, mon père, celui-là même qui m'avait promis son soutien et son aide, prend la plume pour expliquer au juge que c'est moi qui aurais demandé pardon en retirant ma plainte. Le coup de grâce. Durant la confrontation, Guillaume ne lâche rien. En entrant, il me sourit, d'un mauvais petit sourire, comme pour me dire que, cette fois, il est prêt. Il s'est bien préparé. Dans les couloirs, je l'entends parler avec mon père au téléphone. Moi, je n'ai rien d'autre que la vérité.

Revivre

J'ai toujours cru à la guérison par la vie. Pour qu'un enfant blessé devienne un homme, il faut qu'il redécouvre son enfance et accepte de ne pas en avoir eu. Il m'aura fallu attendre de rencontrer ma fille pour comprendre ce qu'est la vie. Avec ses premiers pas, je refais les miens. [...] Dans quelques mois, je vais devenir citoyen américain. Je choisis le pays des rêves, de la renaissance et renonce à tout jamais à mon nom. La demande à l'immigration américaine pour le changer est en cours. Une seconde chance et un pays où je ne connais que l'amour. Aujourd'hui, je ne suis plus le fils de personne.

Thierry Meyssan

Thierry Meyssan s'est rendu célèbre en écrivant, dans L'Effroyable Imposture, puis dans Le Pentagate (Carnot), que les services secrets américains avaient monté les attentats contre le Pentagone et le World Trade Center. Les esprits sensés savent que ces thèses sont délirantes, pourtant, à la tête de Réseau Voltaire.net, une agence d'information alternative qu'il a créée en 1994 (en ligne depuis 1998), Thierry Meyssan continue d'inonder le monde de ses «scoops» et d'influencer une certaine gauche française, peu regardante sur la rigueur. Plus grave, cet homme est considéré à travers le monde comme un «dieu vivant», selon l'expression de la politologue Fiammetta Venner, qui lui consacre un portrait remarquablement enquêté: L'Effroyable Imposteur, chez Grasset.

Les thèses extravagantes de Thierry Meyssan, qui, selon Fiammetta Venner, se présente partout comme l' «ambassadeur de la liberté d'expression», ont en réalité servi les intérêts de ceux qui, notamment, chargent les Etats-Unis et diabolisent les juifs. Et comblé à travers le monde les lecteurs épris d'irrationnel qui, se méfiant des vérités officielles, finissent par douter de toute information raisonnable: c'est si facile de croire au complot ennemi.

Surtout Thierry Meyssan affirme que pas moins que la DGSE et la CIA ont tenté de l'assassiner... sans succès : « Je n'aime pas évoquer les opérations qui ont été conduites par la CIA et la DGSE pour m'éliminer parce que je ne peux pas en apporter la preuve »

Vive la révolution

«La victoire de la révolution islamique d'Iran de 1979, peut être évaluée, dans l'histoire du monde, aux côtés d'autres grands événements comme la révolution française de 1789 et de la révolution d'octobre 1917. (...) La révolution islamique continue d'être une source d'inspiration pour un nombre considérable de mouvements populaires et révolutionnaires. Cela montre que le peuple iranien reste toujours attaché à sa révolution. (...) La révolution islamique d'Iran a une nation qui inspire, automatiquement, les valeurs auxquelles aspirent les nations du monde ». Ces propos sont extraits d'une interview de Thierry Meyssan publiée sur le site de l'IRIB, l'agence de presse officielle de la République islamique.

Les premiers contacts de Meyssan avec les mollahs et leurs supplétifs libanais remontent à 2002. Cette année-là, Meyssan publie son best-seller conspirationniste, L'Effroyable imposture, un livre dont la traduction et l'impression en persan est assurée par le gouvernement iranien. En 2008, Meyssan quitte la «zone OTAN» pour la Syrie avant de se fixer définitivement au pays du Cèdre. Il déclare travailler aujourd'hui pour Al-Manar, la chaîne de télévision du Hezbollah et intervient régulièrement sur Sahar TV, une chaîne satellitaire appartenant à l'IRIB.

La méthode de désinformation est bien huilée. Elle consiste en une stricte application d'un principe immémorial : « la meilleure défense, c'est l'attaque ». Les Iraniens descendent dans la rue pour protester contre les fraudes électorales qui ont entaché la réélection de l'ultra-conservateur Ahmadinejad ? Meyssan explique que les manifestants sont manipulés par la CIA ; des hauts responsables iraniens sont impliqués dans l'attentat contre la communauté juive de Buenos Aires en 1994 ? Meyssan incrimine le Mossad; le Spiegel révèle que le Hezbollah est impliqué dans l'assassinat de l'ancien premier ministre libanais Rafiq Hariri? Meyssan accuse les Etats-Unis et Israël d'avoir commandité l'attentat ; etc.

Sur le site « reopen911 », le site des révisionnistes du 11/09, où il déclare : « Je ne suis pas simplement proche d'al-Manar [la chaine de propagande du Hezbollah], je prépare actuellement des émissions et des documentaires pour elle. Cette chaîne se définit comme la voix de la Résistance dans une région en guerre».

Plus loin, il compare le Hezbollah de Nasrallah à Jean Moulin : « Je me sens donc proche du Hezbollah en tant que principal réseau de résistance au proche-Orient (...) J'éprouve beaucoup d'admiration pour Hassan Nasrallah, parce qu'il n'est pas seulement un grand résistant, mais parce qu'il a une vision claire du conflit et une pensée généreuse.»

L'affaire Dieudonné
Communique du 10 Janvier 2014 (Réseau Voltaire)

Le Réseau Voltaire possède dans son objet social la défense des idéaux qui ont présidé à la Révolution française de 1789 et également au droit international tel qu'il est contenu dans la charte de l'ONU. En outre et selon ses statuts le Réseau Voltaire s'oppose à tous types de censures et à tous types de discriminations raciales ou fonction des préférences sexuelles.

De ce fait même, le Réseau Voltaire juge insupportables et inquiétants les actes de censures pris à l'encontre de Dieudonné pourquoi ?En fonction de ses idéaux fondamentaux et notamment en se référant à la Déclaration des droits de l'homme et du citoyen de 1789, le Réseau Voltaire a pris plusieurs positions et milite activement pour ces dites et fondamentales positions.

D'abord, étant farouchement républicain, le Réseau Voltaire milite pour que s'exerce la souveraineté de la nation sur notre république selon l'article 3 de la DDHC, en conséquence de quoi il ne peut être qu'opposé à toute soumission de notre État à des intérêts étrangers, qu'ils soient israéliens, saoudiens ou étasuniens.

Notre république, si elle voulait respecter la volonté de ses initiateurs, devrait absolument et expressément sortir de l'OTAN, de l'Union européenne et de la zone euro. Mais malheureusement, des forces étrangères ont pris le pouvoir en France et détourné nos valeurs républicaines et nationales pour ne faire de la France qu'un pays soumis et en phase de dégénérescence rapide, comme chaque Français peut le constater aujourd'hui avec l'accentuation de la désindustrialisation et donc de l'extension du chômage et la pauvreté.

Le pouvoir qui sévit en France, surtout depuis l'avènement de Nicolas Sarkozy, est soumis sans aucune retenue à ces intérêts étrangers et impérialistes, qu'ils soient israéliens, saoudiens ou étasuniens.Cette extrême soumission a lancé notre pays et ses forces armées dans d'horribles guerres coloniales ; contre la Libye d'abord et la Syrie ensuite par l'armement le soutien logistique, financier et militaire des forces jihadistes liées à Al-Qaïda, c'est-à-dire à l'Arabie Saoudite, aux USA et à Israël.

Ces trois pays forment un axe de soutien politique et financier au pire des impérialismes que le monde ait connu depuis longtemps en terme de malfaisance et d'agressivité.Face à cette politique, le peuple français ne cache plus sa colère, colère qui s'exprime de manières les plus spontanées et les plus diverses.

Jadis l'existence d'un Parti communiste et de syndicats pouvait organiser et canaliser les colères populaires. Aujourd'hui l'inexistence de partis d'opposition, l'exacte similitude à tous points de vue entre la droite et la gauche institutionnelle, la collaboration de ce qui reste de l'ancien Parti communiste français avec les forces impérialistes de l'intérieur laissent notre peuple à sa colère et sans aucune perspective politique.

Dans ce contexte, certaines personnalités deviennent çà et là des leaders d'opinion grâce à l'Internet et aux réseaux sociaux qui permettent la diffusion extrêmement rapide de l'information. Ces leaders d'opinions peuvent prendre une importance considérable, la nature ayant horreur du vide politique dans lequel la néo-gauche a laissé le peuple français. Ainsi l'humoriste Dieudonné a cristallisé autour de lui la colère du peuple et son signe de ralliement, la « quenelle », est devenu le signe de reconnaissance de tous ceux opposés au système impérialiste, intérieur et extérieur et à ses supports politico-médiatiques qui sévissent dans notre pays.

Face au danger, ces forces impérialistes utilisent une stratégie mise en œuvre depuis longtemps et inaugurée contre nous, le Réseau Voltaire, à la suite de notre critique de la version officielle donnée par les USA et les politico-médias des attentats du 11 septembre 2001. Cette stratégie consiste à vouloir diaboliser l'adversaire en le qualifiant de nazi et en rejetant à ce que l'impérialisme appelle « l'extrême droite » toute contestation de son système.

Pour ce faire cet impérialisme a pris le parti d'instrumenter le martyre des juifs d'Europe par les nazis durant la Seconde Guerre mondiale en amalgamant toute critique de l'impérialisme dans lequel l'État israélien a cru devoir s'impliquer, à une manifestation antisémite, voire carrément nazie. Dans cet ordre d'idée, il a lancé l'idée saugrenue que le signe de la « quenelle » était un salut nazi inversé et de ce fait accusé les auteurs de ce signe d'apologie de crime de guerre et de crime contre l'humanité pouvant être poursuivis par la justice.

L'implication particulière d'Israël avec les sionistes du monde en première ligne dans cet épouvantable impérialisme massacreur de peuples comme en Libye, en Palestine et en Syrie a cristallisé contre lui une grande colère populaire, colère qui s'exprime de différentes manières et qui de temps en temps retombe sur les juifs malheureusement et d'une inquiétante façon. L'instrumentation éhontée du martyre juif a attiré l'attention de beaucoup sur ce martyre et sa critique en est malheureusement devenu le corollaire.

Dieudonné en tant qu'humoriste provocateur, suivant en cela une tradition française allant de Coluche à Pierre Desproges, a poussé la provocation humoristique jusqu'à faire grincer des dents avec son Shoananas pendant du tout aussi raciste Chaud cacao d'Annie Cordy déguisée en négresse et qui pouvait également choquer la sensibilité des Africains.

Les forces impérialistes de l'intérieur, poussées en cela par l'État d'Israël, ont pris prétexte des spectacles de Dieudonné et particulièrement de son dernier spectacle Le Mur, qui est une vive critique du sionisme, pour demander à ses séides locaux de censurer ces spectacles en allant même au-delà de la loi française, qui garantit la liberté d'expression. Cette censure rejetée par le tribunal administratif a pris la forme d'un coup de force, quasiment d'un coup d'État, en obligeant un Conseil d'État aux ordres du pouvoir exécutif à censurer le spectacle de Nantes.

Le pire est que cette censure s'est faite dans la bruyante et éhontée approbation de la néo-gauche, dont d'ailleurs il est remarquable qu'elle s'aligne systématiquement sur l'impérialisme extérieur, comme pour les guerres de Libye et de Syrie, comme sur l'impérialisme intérieur, qui essaye de nous faire accepter la soumission du peuple français à l'OTAN à l'Union européenne et à l'euro.

Le Réseau Voltaire France, comme le Réseau Voltaire International, proteste énergiquement contre la censure qui de plus en plus sévit en France, empêchant toute contestation du système impérialiste dans les médias. Il est d'ailleurs remarquable que seule la BBC nous ait demandé notre point de vue sur l'affaire Dieudonné.

Thierry Meyssan et moi-même, Alain Benajam, président du Réseau Voltaire France, tout en ne partageant pas toujours son point de vue, assurons Dieudonné, humoriste sainement provocateur, de notre soutien et de notre solidarité dans sa bataille contre la censure et pour le respect du droit républicain.

Eric Zemmour

Eric Zemmour, l'un des gourous intellectuels de la «fachosphère» (*la plupart de ses interventions sont relayées par le site Fdesouche*) bien que membre actif des médias institutionnels, s'est encore radicalisé. «*Les soldats du jihad sont considérés par tous les musulmans, qu'ils le disent ou qu'ils ne le disent pas, comme des bons musulmans*», lâche-t-il le 6 septembre 2016 sur France 5. Ou comment repeindre tous les musulmans, sans exception, en admirateurs des terroristes. Dans la même émission, l'homme, très en verve, estime aussi «*qu'en donnant des prénoms musulmans [à leurs enfants, les musulmans] refusent de s'approprier l'histoire de France*» : interrogée à ce propos, l'ex-ministre de la Justice Rachida Dati l'a invité à se faire «soigner». Zemmour prône par ailleurs une «*dictature au sens romain du terme*» contre «*le gouvernement des juges*», lesquels «*ne respectent plus la volonté du peuple au nom de l'Etat de droit*».

Après cette apparition tonitruante, le Conseil supérieur de l'audiovisuel (CSA) reçoit plus de 700 signalements de téléspectateurs et décide d'instruire un dossier. Chroniqueur dans C à Vous, le journaliste Patrick Cohen, dont on peut voir sur la vidéo de l'interview le visage se décomposer peu à peu, affirme qu'il y a eu un «vrai effet de surprise sur le plateau». «On a essuyé les plâtres de façon imprévue. C'était effarant. Ce qu'il dit est très violent, très essentialisant pour les musulmans. Je n'avais pas imaginé qu'il avait franchi un cran», raconte celui qui confesse ne pas avoir lu «ligne à ligne» avant l'émission la préface d'Un quinquennat pour rien.

Dans chacune de ses interventions, Zemmour, déjà condamné deux fois pour provocation à la haine, ressert les mêmes idées nauséabondes, les mêmes formules stigmatisantes, la même morgue vitupérante. Son discours plein de contre-vérités atteint une telle agressivité qu'un vieux débat s'en trouve relancé : faut-il continuer à lui donner la parole ? «Cette question me gêne car elle présuppose que les téléspectateurs sont des imbéciles, qu'ils sont incapables de faire la part des choses et que diffuser des propos inacceptables revient à les faire rentrer dans la tête des gens», tempère Patrick Cohen. Le matinalier de France Inter ajoute toutefois qu'il n'invitera pas Zemmour sur l'antenne du service public, pour trois raisons : «Un, on n'est pas loin de discours pouvant tomber sous le coup de la loi. Deux, son livre n'est pas une œuvre originale si on met de côté les quelques pages de la préface. Trois, il y a suffisamment d'intellectuels dans le paysage pour ne pas aller chercher quelqu'un qui a été journaliste mais qui est devenu un acteur politique sans en avoir la légitimité électorale.»

Son confrère de BFM TV et RMC Jean-Jacques Bourdin, qui a reçu Zemmour le 16 septembre 2016, n'a pas le même avis. «Il faut l'inviter pour montrer sa dérive, il faut le laisser déblatérer. Pendant l'interview, j'ai beaucoup insisté sur l'histoire des prénoms car ça révèle l'absurdité de son discours, ça le ridiculise. C'est un homme du passé, tombé dans l'excès, qui se caricature lui-même pour exister. Il ne convainc plus que les plus convaincus, et encore. Les retours d'auditeurs ont été moins nombreux qu'auparavant. Mais ce n'est pas en mettant ses propos sous le sable qu'on les combat.»

Qualifié le 9 septembre 2016 sur RTL de «collabo» et de «complice des futurs talibans de la France» par Zemmour, l'éditorialiste Nicolas Domenach, qui débat avec lui le vendredi matin sur la première radio de France, partage ce point de vue : «L'interdire d'antenne serait lui rendre service, faire de lui un martyr. C'est ce qui s'est passé quand iTélé a arrêté "Ça se dispute" [où les deux hommes ont débattu jusqu'en décembre 2014, ndlr].

La question de la présence médiatique de Zemmour, d'abord propulsé sur le devant de la scène par un Laurent Ruquier qui a depuis exprimé ses regrets, se pose avec plus d'acuité encore à ses deux employeurs audiovisuels actuels, Paris Première et RTL, qui lui offrent une visibilité énorme. Du côté de la chaîne payante du groupe M6, où Zemmour et Naulleau reviendra le 12 octobre pour une sixième saison, on assume. «*Nous le maintenons à l'antenne car c'est une émission où plusieurs personnes, dont l'invité, lui portent la contradiction*», explique le directeur général, Jonathan Curiel. Même chose à RTL, où il tient chronique seul le mardi et le jeudi à 8 h 17, en plus du débat avec Domenach le vendredi : «*Nous sommes très attachés à la liberté d'expression, dans la limite de la légalité. Or Eric Zemmour n'a jamais été condamné pour des propos tenus sur RTL. Ses idées intéressent une partie de la population.*»

Zemmour fait de l'audience et comme les dirigeants de RTL se couchent devant l'audience, ils le gardent. Ils n'ont aucune indépendance d'esprit.» A ce petit jeu du bruit médiatique qui se nourrit lui-même, l'auteur d'*Un quinquennat pour rien*, en tête de la plupart des classements de vente, ne risque pas de disparaître des ondes et des écrans. D'après son attachée de presse, les libraires commandent chaque jour 5 000 exemplaires du livre.

Citations de Zemour

«*En islam, il n'y a pas de musulmans modérés. [...] Il y a simplement des gens qui appliquent à la lettre et d'autres qui n'appliquent pas à la lettre . [...] Ceux que vous appelez bons musulmans, l'islam les appelle mauvais musulmans.*» Le 6 septembre, dans C à vous (France 5).

«*La France est envahie, colonisée et maintenant combattue. [...] On sera très heureux dans la soumission à l'islam, magnifiquement heureux. On sera tous frères, sauf ceux qui ne seront pas musulmans.*» Le 9 septembre dans On n'est pas forcément d'accord (RTL).

«*Marine Le Pen a toujours été de gauche. Elle est complètement endoctrinée par Florian Philippot, qui est une espèce de cheval de Troie chevènementiste.*» Le 12 septembre dans LCI matin (LCI).

«*Le peuple armé [...] c'est aussi le peuple qui s'approprie sa liberté. [...] Le comportement des Corses est admirable. Les Corses, eux, ne cèdent pas devant la pression islamique.*» Le 16 septembre, dans Bourdin direct (RMC et BFM TV).

Alain Escada

Le gouvernement n'aura "aucune tolérance" à l'égard des violences de l'extrême droite, a prévenu Najat Vallaud-Belkacem, après l'agression de journalistes et de militantes féministes à la manifestation organisée par Civitas contre le mariage d'homosexuels. Plusieurs personnalités ont réclamé l'interdiction de l'Institut Civitas, d'autres celle du GUD, groupuscule d'extrême droite. "Il n'y a aucune place pour les agressions d'extrême droite dans notre pays", a réagi la porte-parole. "Le gouvernement n'aura aucune tolérance à l'égard de ces violences et de tous les dérapages qui y sont associés. La liberté d'informer n'est pas un principe avec lequel on peut transiger", a-t-elle ajouté en se déclarant "profondément choquée" par cette agression.

"Dès demain, je demande au ministre de l'Intérieur, Manuel Valls, la dissolution de l'Institut Civitas", a annoncé la députée PS de l'Hérault Anne-Yvonne Le Dain. "Avec les excès pathétiques de cette manifestation, avec violences et coups, je souligne que ces gens qui prétendent défendre les valeurs du christianisme ont fait sauter sans honte ni vergogne un principe de base des sociétés humaines, qui est qu'un homme ne frappe pas une femme", a-t-elle poursuivi. "Je précise également que, pour moi, ces gens, cet Institut Civitas, ne représentent en rien les manifestants de samedi contre le mariage pour tous, manifestation digne et démocratique dont les rassemblements étaient orchestrés par les hiérarchies religieuses françaises, dont je ne partage pas les positions, mais que je respecte", a ajouté Anne-Yvonne Le Dain.

Pour sa part, "horrifié" par l'agression, le Mouvement des jeunes socialistes a appelé "à la dissolution" du GUD à qui il attribue l'agression. "*Ceux qui ne connaissaient pas le vrai visage de l'extrême droite française l'ont découvert aujourd'hui avec la honteuse agression dont ont été victimes des militantes féministes du mouvement Femen ainsi que des journalistes, notamment Caroline Fourest*", a-t-il poursuivi, dans un communiqué.

"*Le GUD, groupe union défense, proche du Front national et connu pour ses actions ultra-violentes, n'hésite pas à ajouter la brutalité physique à l'homophobie, l'intolérance et la haine des intégristes de Civitas*", a-t-il ajouté. "*De tels agissements ne sauraient être tolérés. [...] En conséquence, les Jeunes Socialistes appellent à la dissolution du GUD et à la condamnation des personnes impliquées dans ces violences*", selon le MJS. "*Je condamne fermement la lâche agression dont a été victime Caroline Fourest en marge de la manifestation Civitas et lui témoigne mon soutien contre la violence obscurantiste et imbécile*", avait réagi le premier secrétaire du PS, Harlem Désir.

Civitas

L'institut Civitas et son président Alain Escada se revendiquant de la Fraternité Saint-Pie X proche de Saint-Nicolas du Chardonnet, ont pourtant eu la désagréable surprise de voir que la notoriété de l'institut n'était pas liée à l'adhésion à son message.

Bien au contraire, étouffée par la gigantesque "manif pour tous", qui a réunit plus de 100.000 manifestants, soit dix fois plus que la sienne, Civitas a surtout marqué les esprits par l'affrontement qui a opposé les Femen et le service d'ordre particulièrement viril de l'institut, certainement renforcé par les gros bras du GUD ou encore de l'œuvre française, deux piliers de l'extrême droite française, qui feraient passer le FN pour un parti républicain, si Marine Le Pen n'avait pas passé tant de temps avec les leaders du premier cité dans sa prime jeunesse, dans des soirées mouvementées comme le confirma l'été 2011, le hors-série du "Canard Enchaîné", intitulé "les Dégâts de la Marine".

Des violences choquantes, avec coups de pieds, de poings sur des femmes qui n'avaient que leur message peinturluré sur leur corps en guise de bouclier et de haubert... Difficile de garder la tête haute face à ce déferlement de violence, dont fut victime aussi Caroline Fourest, venue réaliser un reportage sur les

Femen, et qui subit le même sort que son sujet de travail, et qui a décidé de porter plainte.

Vexé, Alain Escada a senti que l'affaire allait tourner en sa défaveur, et il rédigea par précipitation un communiqué dès le dimanche soir, dont la mauvaise foi est assez unique en son genre, vous laissant lecteurs seul juge du subterfuge.

Revendiquant 20.000 manifestants (2000 de plus que ce qu'il annonça dans la rue de sa propre bouche, et 11.000 de plus que la police), le président de Civitas a tenu à féliciter chaleureusement tous les participants et évoquant donc "un grand succès". Puis s'empressant de se justifier, il ajouta :

"C'est sans doute ce qui a suscité les vives craintes de Caroline Fourest qui a immédiatement répandu dans la presse sans apporter de preuve qu'elle était venue comme journaliste et qu'elle avait été 'tabassée' à plusieurs reprises. Compte tenu de ses revendications affichées sur le sujet de l'homosexualité, on peut clairement s'interroger sur l'impartialité de cette journaliste en la matière et sur le caractère plus que provocateur de sa présence."

"Lors de notre marche de ce dimanche, cette dame accompagnait des extrémistes féministes et homosexuelles qui se sont présentées entièrement dénudées devant les enfants (ce que cette journaliste appelle de 'l'humour'). Leur contre-manifestation n'était pas déclarée. Elles se sont approchées de notre colonne en hurlant, en présence des forces de sécurité."

Il faut dire que pour Civitas, la violence est devenue une routine. Au printemps 2011, le lendemain d'une manifestation retentissante organisée par ses soins pour contester la présentation du Piss Christ à Avignon, l'œuvre est vandalisée après séquestration du gardien du musée et menaces réitérées à l'encontre du directeur. À l'époque, Alain Escada banalise l'événement :

"Je n'ai ni à cautionner, ni à condamner ce qui s'est passé ce matin à Avignon. Cela reflète une exaspération compréhensible." Déjà à l'époque, Alain Escada manifeste le goût pour inverser les rôles de victimes et bourreaux :

"Je m'étonne que les personnes qui sont intervenues aient pu entrer et agir si facilement, alors qu'on nous avait annoncé un renforcement des mesures de sécurité du musée."

Pour la pièce "Sur le concept du visage du fils de Dieu" et de "Golgota Picnic" à l'automne 2011, il va plus loin puisque, alors qu'une des représentations est interrompue, et que des manifestants sont arrêtés avec des couteaux dans la poche, sans doute une preuve de leurs amicales intentions, il n'hésite pas à affirmer : *"Je rends hommage à ces jeunes qui ont eu le courage de s'exprimer publiquement."*

Ainsi, à l'automne 2011 chez "Zemmour et Naulleau", Alain Escda expliquait très simplement les visées de son institut :

"C'est un lobby catholique qui vise effectivement à restaurer une France dont les décisions seraient inspirées de la doctrine de l'Église." On ne saurait être plus clair dans sa volonté de pourfendre la République et ses valeurs. Ceux qui estimaient que seuls les intégristes musulmans voulaient abolir la République en instaurant la charia en seront pour leur compte.

Dans un entretien publié peu après sa nomination au poste de président de Civitas le 15 mai dernier, Alain Escada confirme sa détestation de l'héritage révolutionnaire, et de la République en évoquant un futur sans elle :

"Avec la révolution de 1789, la France exerça un rôle mondial dans la propagation de la subversion révolutionnaire. Lorsque la France retrouvera les promesses de son baptême, l'influence bienfaisante sera elle aussi mondiale."

Pour Civitas et Alain Escada, les lois divines sont supérieures aux lois de la République. Dans ces conditions, la question de la survie de Civitas ne tient pas seulement du droit associatif : il en va de son incompatibilité, son hostilité, et surtout de sa dangerosité vis à vis de la République.

www.ingramcontent.com/pod-product-compliance
Lightning Source LLC
Chambersburg PA
CBHW051948280526
45789CB00009B/3215